디지털 아카이빙의 경제성 분석

디지털 아카이빙의 경제성 분석

정 혜 경 著

한국학술정보㈜

목 차

제6장 결론 및 시사점　133

참고문헌　139

<부　록>　147

표 목 차

부록목차

제1장 서 론

1.1 연구의 필요성 및 목적

오래 전부터 선진국에서는 법률과 제도를 갖추어 중요한 기록물을 국가의 문화유산으로 영구보존해 오고 있다. 국가적인 차원에서 기록물 관리를 체계적이면서도 효율적으로 시행하고 있는 대표적인 국가기록관(National Archives)으로는 미국의 국립기록관리청(National Archives & Records Administration), 영국의 국립기록보존소(Public Records Office), 프랑스의 국립기록보존소(Archives Nationales) 등을 들 수 있다. 이들 기관은 국가기록물 관리를 위한 전반적인 정책과 절차수립, 기준과 지침개발 등을 담당하고 있다.

기록관리학이 국내에 등장한 것은 비교적 최근의 일이다. 1999년에 '공공기관의 기록물 관리에 관한 법률'이 제정되어 공공기관에서의 기록관리가 의무화되기 시작하였으며, 2004년에 국가기록원이 개원되면서 국가기록원의 역할을 담당하게 되었다.[1]

우리 사회가 디지털 중심의 정보사회로 진전함에 따라 디지털 기록물에 대한 비중과 의존도가 현저히 높아지는 만큼 이에 대한 구체적이고 체계적인 관리 방안의 필요성이 대두되고 있다. 인쇄

---

[1] 국가기록원의 개원은 「행정자치부와 그 소속기관의 직제 및 시행 규칙」개정('04. 5. 24. 공포 시행)에 의해 이루어진 것으로 기관 명칭이 정부기록보존소에서 국가기록원으로 변경되고 1개과 신설로 과별 담당업무가 일부 조정되었다.

매체에 담긴 정보보다 보존기간이 짧은 디지털 정보를 관리하고 진본성(authenticity)을 유지하기 위해 디지털 아카이빙(digital archiving)을 도입하는 기관들이 나타나고 있는 것이 좋은 예이다.

자료관에 디지털 아카이빙을 도입하는 기관들은 디지털 정보의 보존 관리뿐만 아니라 이로 인해 발생하는 공간절약 등의 유형편익 그리고 시간절약, 유용성, 의사소통 향상 등의 무형편익에 대한 막연한 기대를 갖고 있다. 그러나 이들의 기대는 단기간 내에 충족되기 어렵다. 이는 디지털 아카이빙의 도입이 구 기록물의 디지털화(인코딩/스캐닝) 및 저장등록, 시스템 구축 등에 대규모의 초기 투자비용을 요구하기 때문이다.

한편 기관들은(특히 영리기관) 사업투자 평가 시 타당성 입증을 요구하여 경제성이 높은 것으로 판명된 사업에 우선순위를 두는 것이 일반적이다. 따라서 국내에서는 디지털 아카이빙으로 인해 발생하는 여러 가지 편익에도 불구하고 이의 도입을 적극적으로 추진하지 못하고 실정이다. 이에 비해 선진국에서는 디지털 아카이빙의 도입이 활발하게 진행되고 있는데, 이는 기록물 관리의 중요성에 대한 인식이 확산되어 있기 때문이다.

국내에 디지털 아카이빙의 도입을 활성화시키기 위해서는 디지털 아카이빙의 도입에 대한 타당성 입증이 선행되어야 하며, 궁극적으로 기록관리의 중요성과 디지털화의 효율성에 대한 인식이 확산될 필요가 있다. 그러나 기존 기록관리에 대한 경제성 분석은 기록물의 처리 및 관리에 소요되는 비용만으로 평가되거나, 편익을 고려한다 해도 유형편익만을 포함하여 평가되기 때문에 그 가치를 이론적으로 과소평가하는 경향이 있다. 기록관리의 경제성에 유형편익보다 무형편익이 차지하는 비중이 크다는 데에 동의하는 연구들이 많으나, 이를 경제성 분석에 포함시키지 못하고 있는 실정이다. 이는 기록관리 분야에 무형편익을 정량적으로 평가할 수 있는 방법이 개발되지 않았기 때문이다.

디지털 아카이빙의 경제성을 평가하기 위해서는 경제적인 가치를 종합적으로 분석할 수 있는 기본 모형의 개발이 시급하다. 이 모형은 기존의 모형과 달리 디지털 아카이빙의 무형적인 가치를 포함하며, 이를 정량적으로 분석할 수 있는 구체적인 측정 방법을 제시할 수 있어야 한다. 이러한 모형을 바탕으로 평가된 디지털 아카이빙의 경제성은 각 기관의 의사결정자들로 하여금 이 사업이 투자자금의 단기 회수를 위한 것이 아니라 업무의 효율성 증대를 통한 기관의 중장기적 목표를 달성하기 위한 것임을 입증할 수 있는 근거가 될 수 있다.

디지털 아카이빙의 경제성 분석 사례는 기존 연구에서는 찾아보기 어려우며, 특히 디지털 아카이빙의 도입으로 인하여 발생하는 무형편익을 측정하는 연구는 지금까지 이루어지지 않았다. 따라서 디지털 아카이빙에 관한 경제성 분석은 관련분야인 기록관리, 정보시스템 및 디지털화의 경제성에 관한 여러 이론과 모형을 근거로 경제성 분석의 기본 모형을 도출하는 것이 필요하다. 그리고 정보경제학의 가치사슬 개념을 토대로 무형적 편익을 정량적 분석에 적용할 수 있는 모형을 개발하는 것 역시 매우 중요하다.

이러한 필요성에 따라 본 연구에서 수행하고자 하는 연구의 목적은 다음과 같다.

첫째, 무형편익을 포함하여 종합적으로 디지털 아카이빙의 경제성을 분석할 수 있는 모형을 도출한다.

둘째, 이 모형을 현재 디지털 아카이빙을 도입하여 활용하고 있는 국내의 기관들에 적용하여 정량적인 경제성을 파악한다.

셋째, 분석대상 기관들의 디지털 아카이빙 담당자 및 책임자를 대상으로 한 심층면담을 통하여 디지털 아카이빙의 경제성에 영향을 미치는 요인들을 파악한다.

1.2 용어의 정의

디지털 정보는 디스크, 마그네틱 테이프 등의 기계 가독(可讀) 형태로 유통, 배포되는 정보자원이다. 이러한 디지털 정보는 CD-ROM, 플로피 디스크 등의 물리적 포맷을 갖고 있는 오프라인 정보자원과 데이터베이스, 웹, 파일 등의 디지털 기술을 이용하여 저장된 온라인 정보자원을 포함한다. 디지털 정보는 원래 디지털 형태로 생산된 출판물과 초기에는 인쇄 매체, 사진 등으로 생산되었으나 이후에 디지털로 변환된 형태로 구분된다.[2]

아카이빙(archiving)이라는 용어는 일반적으로 공적인 기록의 보존을 처리하는 과정이나 컴퓨터 파일의 일시적 저장과 수집을 의미하는 것으로 사용되고 있다. 디지털 아카이빙은 "지속적인 가치를 가졌다고 판단할 수 있는 디지털객체를 장기간(long-term) 관리하는 활동" 또는 "입수부터 배포까지 디지털 객체 관리에 필요한 모든 활동"으로 정의되고 있다. 여기서 장기간은 가능한 긴

---

2) NEDLIB. "NEDLIB Glossary", 2000. [cited 2004. 6. 5].
   <http://www.kb.nl/coop/nedlib/glossary.pdf>

기간, 무한의 미래로까지 의미 확장 가능한 시간을 의미한다.[3]
NLA(National Library of Australia)에서는 "본래 디지털 매체로
생산되었거나 디지털화된 기록물이 미래에도 현재와 동일하게 접
근되어 활용될 수 있도록 보존 및 저장 등을 지원하는 활동"으로
정의하고 있다.[4] 이와 같이 최근에 대두되기 시작한 디지털 아카
이빙은 본질적으로 장기(또는 영구)보존 활동을 지칭하고 있다.

기록물의 효율적인 관리와 운영을 위하여 설치하는 자료관은
디지털 기록물의 보존과 저장, 그리고 장기적인 접근을 위하여
체계적인 관리를 필요로 한다. 국내에서의 디지털 아카이빙 사업
은 일반적으로 인쇄 매체로 생산된 기록물을 디지털 매체로 변
환하는 작업을 포함하여 수행되고 있다. 이러한 디지털 아카이빙
의 국내 실정 및 최근의 정의를 토대로 본 연구에서는 디지털
아카이빙을 "디지털 형태로 생산된 기록물과 본래 인쇄 매체로
생산되었으나 이후에 디지털로 매체 변환된 자료관 기록물의 장
기(또는 영구)보존을 지원하는 활동"으로 정의한다.

---

3) 한국국가기록연구원, 편. 2003. 「레코드 관리를 위한 ISO 표준 해설」.
4) National Library of Australia. "Digital Services Project", 1999. [cited
   2004. 6. 5]. <http://www.nla.gov.au/download/dsp/appendices.pdf>

제2장 이론적 배경

디지털 아카이빙을 대상으로 경제성을 직접 분석한 연구는 국내외를 막론하고 그 사례를 찾아보기 어렵다. 따라서 관련 주제인 기록관리, 정보시스템 및 디지털화의 여러 이론과 모형을 중심으로 디지털 아카이빙의 경제성 분석 모형을 도출할 수 있는 요소들을 분석하였다.

2.1 기록관리의 경제성 분석

2.1.1 처리비용 분석

1980년대 이후 마허(Maher, 1982)를 비롯한 몇몇 학자들에 의해 기록물 처리에 소요되는 비용(processing cost)에 대한 분석이 이루어지기 시작했다. 마허는 처리비용을 연구한 최초의 학자이다. 마허에 의하면, 기록물 1건의 평균 처리비용은 일정한 공간(1 cubic foot)에 있는 기록물의 처리에 소요되는 인건비, 자재비, 그리고 서가비용의 합을 전체 기록물의 수로 나누어 산출된다. 그는 처리비용 연구의 결과는 실제 현장에서 부과되는 업무에 대한 예상 비용과 업무량에 대한 파악을 가능하게 하여 업무 처리의 질과 생산성을 높이게 된다고 주장하였다. 마허에 이어

윌스테드(Wilstead, 1989) 역시 처리비용 분석은 기록물의 치밀한 관리를 가능하게 하여 조직의 생산성을 향상 시키는 데 긍정적으로 기여한다고 주장하였다.

이들의 주장과는 달리, 볼스와 영(Boles and Young, 1985)은 처리비용 분석이 여러 가지 요인들−기록물의 생산시기, 출처, 형태 등−에 의하여 영향을 받기 때문에, 한 기관의 분석 결과를 타 기관에 적용하는 데 한계가 있음을 지적하였다. 한편 에릭슨과 슈스터(Ericksen and Shuster, 1995)는 처리비용을 비율로 산출하는 방법을 제안함으로써 볼스와 영이 지적한 처리비용 분석의 한계점을 보완하는 시도를 하였다. 에릭슨과 슈스터는 빌리 그래함 센터(Billy Graham Center)가 소장하는 인쇄 기록물을 대상으로 처리비용을 분석하였으며, 그 결과 전체 처리비용의 25%가 자재와 저장에, 45%(전체 시간의 37%)가 자료 보존에 소요되고 있는 것으로 나타났다. 이 연구는 각 처리비용을 비율로 산출함으로써 처리비용의 한계점을 보완하였을 뿐만 아니라 인건비로부터 저장, 보존, 행정에 이르기까지 기존 연구들보다 포괄적으로 처리비용을 분석했다는 점에서 그 가치를 인정받고 있다.5) 그러나 여전히 기관 간에 처해있는 환경의 차이를 고려하지 못하였고 기록관리의 가치가 평가에서 배제되었다는 한계점이 있다.

---

5) Saffady, William. 1998. *Cost Analysis Concepts and Methods for Records Management Projects*. ARMA International.

2.1.2 유형편익 분석

브럼(Brumm, 1993)은 비용과 유형편익을 포함하여 실증적으로 경제성을 분석한 연구를 수행하였다. 그는 3년간(1989년-1991년) 미국 텍사스 주에서 실시된 기록관리 프로그램의 효과를 파악하기 위한 비용편익분석을 실시하였다. 설문조사와 전화문의를 통한 데이터 수집이 이루어졌으며, 기록관리를 주관한 기록관리청(Records Management Division)에서 근거 자료를 제공받아 확인하는 단계를 거침으로써 데이터의 정확성을 확보했다. 설문 응답자들은 기록관리를 도입함으로써 그들의 기관에 어떤 변화가 있었는지에 대하여, 그리고 기록관리를 도입함으로써 발생한 비용절감과 비용회피의 유형편익에 대하여 그들이 인지한 데로 기술하도록 요청 받았다.총 연간비용에는 인건비, 행정에 들어가는 비용, 간접비용뿐만 아니라 빌딩 비용 및 운영비용 등이 포함되었다. 비용절감에는 인건비, 공간, 파일 캐비넷만이 아니라 상업시설(commercial facilities)을 사용하지 않고 기록관리청의 레코드센터(records center)를 무료로 이용함으로써 절감할 수 있는 비용이 포함되어 있다. 연구결과에 의하면, 3년(1989년-1991년) 동안 기록관리 프로그램으로 인한 텍사스 주 전체의 절감비용은 $69,973,701(총 연평균비용 $2,558,181), 투자수익률(ROI)은 27 : 1(27배)로 나타났다.[6]

---

6) ROI(Return on Investment)는 프로젝트에 투자한 자금에 대비하여 해당 투자로 인하여 발생하는 수익을 비율로 나타낸 것을 말한다.

2.1.3 유형편익 및 무형편익 분석

1990년대 들어와 기록관리를 수행함으로써 나타나는 무형적 편익들이 여러 연구에서 구체적으로 거론되고 그 중요성이 강조되기 시작하면서, 이를 포함한 경제성 분석의 필요성에 대한 인식이 확산되었다.

쉬멘트(Schement, 1990)는 기록물(written records)을 소유한 사회는 그렇지 않은 사회에 비해 눈에 보이지 않는 결정적인 우위를 보유하고 있는 것이나 다를 바 없다고 주장하면서, 기록관리가 제공하는 무형편익에 대한 중요성을 언급하기 시작하였다. 이와 유사한 주장을 한 스콥스키(Skupsky, 1991)는 기록관리의 체계적인 보존과 폐기계획의 수립 및 실행은 비용절감 등의 유형편익뿐만 아니라, 신속한 경쟁정보라는 무형의 가치를 제공하여 저렴한 비용으로 상품 차별화 전략을 가능하게 한다고 주장하였다.

실버(Silver, 1998)는 푸르덴셜 보험회사를 한 예로 설명하면서 쉬멘트, 스콥스키의 주장을 뒷받침하고 있다. 푸르덴셜 보험회사는 기록관리 시스템의 결여로 정부에서 요구하는 자료를 제출하지 못하여 100만 달러의 벌금에 처하게 되었다. 실버에 의하면, 이러한 사례를 통하여 기록관리는 조직의 경영에 하나의 전략적인 이슈와 기술적인 도전 등 눈에 보이지 않는 무한한 가치를 제공하고 있음을 입증하고 있다.

드미트렌코(Dmytrenko, 1997)는 비용편익분석(cost benefit analysis)이 기록관리를 위한 가장 전략적인 경제성 분석방법이라고 주장하면서, 편익을 경제성 분석에 포함시킨 대표적인 학자이다. 그는 편익을 유형적 편익(hard dollar saving), 무형적 편익(soft dollar saving) 그리고 비용회피(cost avoidance)로 분류하였다. 드미트렌코에 의하면, 종전까지 투자되었으나 기록관리의 도입으로 인하여 더 이상 구입하지 않아도 되는 파일 캐비넷, 공간 등의 비용을 의미하는 비용회피와 유형적 편익은 통상적인 화폐단위로 측정할 수 있다.그러나 무형적 편익은 정량적으로 측정하기 어려운 질적(qualitative)이고 비교적 덜 가시화된(less tangible) 편익으로 정의되었다. 드미트렌코는 관리시간의 단축 등의 비용절감에 의한 편익을 무형편익의 대표적인 예로 설명하면서 이러한 무형편익에 의한 비용절감을 인정하지 않는 기관이 많이 있음을 지적하였다.

씨스코(Cisco, 1999)도 기록관리로 인한 무형편익의 중요성을 강조하였으며, 이를 정량적으로 분석할 수 있는 이론적 근거는 정보경제의 가치사슬 개념이라고 주장하였다. 씨스코에 의하면 기록관리는 지식관리 등과 함께 수많은 데이터를 지식으로 변환시켜서 이용자의 의사결정을 돕는 역할을 하는 정보관리의 한 영역이다. 가치사슬 개념에 기반을 둔 정보관리 시스템들은 가치사슬 선상에서 서로 가치를 부가하는 역할을 하며 본원적 활동과 연결되어 조직의 궁극적인 가치를 창출하는 데 기여하게 된다고 씨스코는 주장하였다.

씨스코에 이어 새퍼디(Saffady, 1999) 역시 기록관리의 무형편익은 가치사슬 개념으로 설명될 때 정량화가 가능하다고 주장하였다. 새퍼디에 의하면 기록관리는 실제로 기관의 운용비용을 감소시키는 유형의 편익 외에도 법적인 요구나 정부로부터의 조사에서 적절한 대응을 가능하게 하는 무형편익의 발생으로 경쟁력 우위를 제공한다. 또한 조직적인 기록관리는 벌금을 피할 수 있게 하고 재난 시에 복구시간과 노력을 줄일 수 있는 무형의 가치도 가져온다. 한편 새퍼디는 기관의 유형에 따른 기록관리 프로젝트의 투자회수기간(payback period)을 일반기업체 3년, 공공기관 5년으로 설정하였다.

2.2 정보시스템의 경제성 분석

정보가 경제성장에 중요한 부분을 차지하게 되면서 정보경제학(information economics)이라는 용어가 나오게 되었다. 정보경제는 매클럽(Machlup, 1962)에서 시작되어 투레인(Touraine, 1969) 그리고 벨(Bell, 1973) 등에 의해 20세기 후반(후기 산업사회)에 구체화되었다.경제학자인 매클럽은 경제적 측면에서 정보화의 진전을 계량 분석한 최초의 학자였으나, 실제로 그는 지식에 초점을 두는 지식산업의 분석에 치중하였다. 포랫(Porat, 1977)은 매클럽과 달리 정보에 초점을 맞추기 시작하면서 정보경제를 체계화하였다. 포랫에 의하면 기록관리는 정보시장의 이차정보부문에 포함된다.7)

정보경제가 체계화 되면서 각 기관들은 그들의 생존과 성장을 보장받기 위해서 정보시스템의 도입을 필수적인 것으로 인식하게 되어 정보시스템에 투자되는 비용이 급속하게 증가하였다. 이와 함께 그 효과에 대한 관심도 점차 증대하게 되어 정보시스템의 경

---

7) 일차정보부문: 시장형성과 관련되는 정보 상품 또는 정보서비스의 생산과 분배를 위하여 필요한 업무기능을 포함한다.
이차정보부문: 다른 업무의 지원을 목적으로 하는 업무 기능을 포함한다.

제성 효과 전반을 평가할 수 있는 종합평가 모델들이 연이어 출현하게 되었다. 매틀린(Matlin, 1982)은 정보시스템의 도입으로 인하여 나타나는 무형의 편익을 측정하는 방법으로 정보화 하지 않았다면 동일한 정보를 얻는 데 소요될 비용인 대체비용(replacement cost), 비용회피(cost avoidance), 관련된 편익(related benefit), 비교가치(comparison value)를 제시하였다. 매틀린과 달리 포터(Porter, 1985)는 무형의 편익을 측정하는 방법으로 가치사슬(value chain) 개념을 제시하였다. 가치사슬이란 본원적 활동과 지원활동으로 나누어지는 조직의 활동들이 가치사슬 선상에서 연결되어 가치를 부가하는 역할을 하게 됨으로써 궁극적으로 조직의 목표를 달성하는 효과를 가지고 온다는 개념이다.

포터의 가치사슬 개념을 토대로 파커 외(Parker, 1988)는 무형의 편익을 포함한 정보시스템의 경제성 분석 모형을 개발하였다. 파커의 경제성 분석 모형에 의하면, 정보시스템의 무형편익은 가치가속(value acceleration), 가치연결(value linking), 가치재구성(value restructuring), 그리고 혁신으로 인한 가치(innovation)로 구분되어 측정된다. 이로 인하여 종래의 정보시스템을 위한 경제성 분석이 직접편익만 측정하던 데에서 탈피하여 보다 포괄적으로 경제성을 분석할 수 있는 계기가 되었다.

파커에 의하면, 가치가속은 정보의 전달을 신속하게 해주어 정보시스템으로부터 나오는 조직의 가치향상을 시스템의 가치로 파악하여 분석하는 것으로 정의된다. 가치연결은 정보시스템의 도입으로 나타나는 무형의 가치가 조직의 성과나 기능의 향상으로 파급되고(ripple effect) 이를 통하여 조직의 효율성이 향상될 경우, 정보시스템으로부터 나오는 조직의 가치향상을 시스템의 가치로 파악하여 분석하는 것으로 정의된다. 그리고 가치 재구성과 혁신으로 인한 가치는 기존 조직보다 개선된 형태의 조직구조, 작업구조 및 의식의 변화로 인한 가치이다. 파커의 경제성 분석 모형은 기존 모형에 비하여 정보시스템의 유형과 무형의 모든 효과를 고려하고 질적인 특성을 계량화하는 근거를 제시하였다는 점에서, 발전된 형태의 측정모형이라고 볼 수 있다.

파커가 개발한 경제성 분석 모형의 측정 항목에서 가치연결의 효과는 안셀스테터(Anselstetter, 1986)가 제시한 <그림 2-1>의 분석체계에 의하여 구체화되었다. 안셀스테터는 정보시스템의 도입으로 나타나는 기관 내 의사소통의 향상이 가치연결 효과를 발생시키는 원동력이 된다고 주장하였다. 그는 의사소통의 향상 효과가 기관의 효율성 및 업무 성과로 파급되어 궁극적으로 기관의 경쟁력 강화로 이어지는 효과를 가치연결의 효과라고 정의하였다. 안셀스테터에 의하면 정보시스템의 도입으로 인한 의사소통의 향상은 타 부서 방문 횟수 감소, 외부 환경의 변화에 대한 탄력성 있는 대응, 전화통화 횟수의 감소, 메시지 전달 횟수의 감소, 미팅 횟수의 감소, 문서의 질 향상, 그리고 보다 신속한 문서 작성의 효과로 파급되어진다.

파커의 이론을 적용한 국내의 연구로는 강성홍(1997)의 "의료기관 전산화의 경제성 분석"을 들 수 있다.강성홍은 의료기관 전산화의 경제성 분석을 수행하는 데 있어서 파커가 제시한 무형의 편익인 가치가속과 가치연결을 포함하였다. 그가 직접편익 측정요소로 삼은 내용은 자주대차 투자비 절감, 챠트보관공간 절감, 자주대차 유지비 절감, 서가비용 절감, 수련의 인건비 절감, 홀더비용의 절감이다.

가치가속으로 삼은 내용은 외래환자 수 증가, 외래대기시간 절감이며 가치연결로 본 내용은 진료비 누수액 방지, 물품관리인력 절감, 환자식의 절감이다. 연구 결과 의무기록 전산화의 구현은 경제적, 기술적 여건이 조성된 경우에는 입원 및 외래의무기록을 동시에 전산화하고, 만일 이러한 여건이 충족되지 않으면 입원의무기록 전산화부터 실시해야 한다는 결론이 도출되었다.

<그림 2-1> 안셀스테터의 가치연결 효과

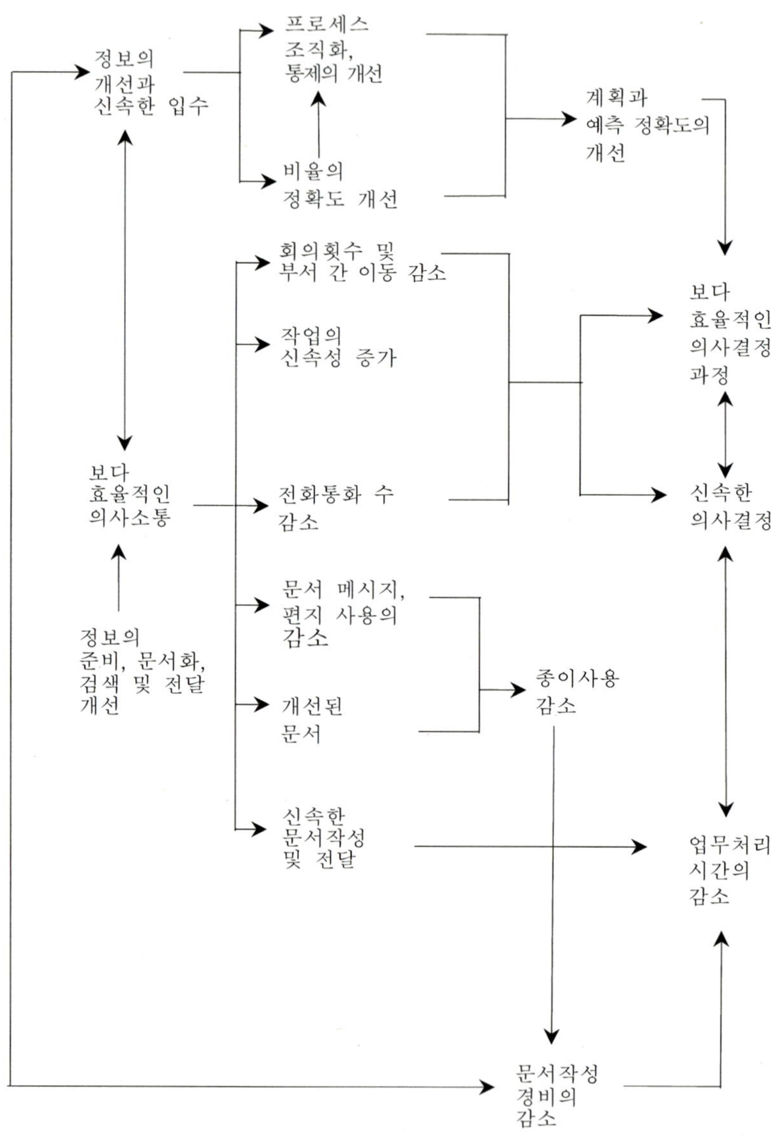

2.3 디지털화의 경제성 분석

디지털 아카이빙의 경제성은 디지털이라는 전달 매체의 특성으로 인하여 영향을 받는다. 따라서 디지털화의 경제성 분석 사례를 조사함으로써 디지털이라는 매체의 특성이 경제성에 미치는 요인의 분석이 가능하다. 디지털화의 경제성을 분석한 선행연구들은 대체로 디지털 매체가 전자적으로 읽고 다운로드 받을 수 있기 때문에 인쇄 문서를 저장하는 데 드는 공간비, 서가비, 자재비 및 인건비의 절감이 발생하였음을 입증하고 있다. 또한 인쇄 매체에 비해 신속하고 효율적인 검색이 가능하여 여러 종류의 부가가치가 발생할 수 있음을 보여주고 있다.

디지털화의 경제성을 분석한 대표적인 학자인 킹마(Kingma 2000)는 2년간(1998년-1999년) 캐나다 온라인 프로젝트(Canadian Online Project)를 수행하였다. 이 프로젝트에서는 3,308권의 자료에 대한 디지타이징이 이루어졌으며 인쇄물, 마이크로피쉬(micro-fiche), 그리고 디지털 매체의 생산, 저장, 및 배포 비용에 대한 조사 분석이 이루어졌다. 분석 결과에 따르면, 디지털 정보를 생산, 저장, 배포하는 데 들어가는 모든 비용에는 고정비용만이 포함되며 가변비용은 '0'이다. 또한 접근편익이 디지털 매체의 경제성에 가장 중요한 영향을 미치는 요인임을 주장하였다.

디지털 매체의 접근비용은 <표 2-1>에서 나타난 바와 같이 다른 매체(마이크로피쉬, 인쇄매체)에 비해 매우 저렴하다는 사실이 입증되었다. 디지털 매체의 접근편익($0.01/1회)은 정보를 소장하고 있는 장소에 찾아가야만 이용할 수 있는 인쇄 매체($134.72/1

30

회)나 마이크로 매체($7.26/1회)보다 월등히 크게 나타났다. 킹마의 접근비용 산출식에 따르면 디지털 매체를 이용하는 빈도가 많아질수록 접근비용은 낮아지게 된다.[8]

<표 2-1> 접근비용의 비교

구 분	인쇄매체		마이크로 매체		디지털 매체	
	비용/1권	비용/1회	비용/1권	비용/1회	비용/1권	비용/1회
공간비용	$3.17	$72.51	$0.06	$2.71	-	-
인건비	$2.21	$50.52	$0.09	$4.00	-	-
장비 및 소모품비	$0.51	$11.69	$0.01	$0.55	-	-
총 합	$5.89	$134.72	$0.16	$7.26	$0.01	

킹마의 연구결과는 이전에 예일 대학과 코넬 대학에서 같은 의도로 수행된 케니(Kenney, 1996)와 콘웨이(Conway, 1997)의 연구결과와 비교해 볼 때 한 권(volume)당 단위 비용에서 큰 차이가 나타나는 것을 볼 수 있다. 킹마는 이러한 단위 비용의 차이는 비용측정 방법, 대상 규모, 또는 대상 매체에서 기인한 것이며, 특히 비용측정 방법에 따라서 가장 크게 영향을 받는다고 주장했다. 킹마에 의하면 자신의 연구는 평균비용을, 케니와 콘웨이는 한계비용을 이용하여 비용분석을 하였기 때문에 비용의 격차가 크게 나타났다고 하였다. 정혜경과 송민선(2002)의 연구는 디지털 매체를 생산하는 데 드는 비용의 대부분은 고정비용에 해당하는 것을 밝힘으로써, 고정비용이 포함되지 않는 한계비용만으로 경제성을 분

---

8) 접근비용(Cost of Access) = 총비용(Total Cost) / 힛트한 수(Number of hits)
   디지털 매체의 접근비용 = $689,274.25 / 62,400,000번 = $0.01

석하는 것은 적절한 방법이 아닌 것으로 분석한 바 있으며, 이는 킹마의 주장을 뒷받침하는 것이라 할 수 있다.

국내에서 수행된 이와 유사한 연구로는 김동석 외(2003)의 연구를 들 수 있다. 이 연구는 국립디지털도서관에 투입되는 비용과 편익을 현실적인 수치 및 공식에 맞추어 산출함으로써 정량적인 분석을 수행했다는 점에서 그 의미를 찾을 수 있다.이 연구에서는 디지털도서관 건립에 소요되는 비용과 그에 의해 산출되는 편익을 구체화시켰으며, 각각의 추정 결과에서 나올 수 있는 오차를 줄이기 위해 각종 추정치의 민감도 분석을 실시하여 연구 결과의 신빙성을 높였다. 비용항목으로는 초기투자비, 인건비, 유지보수비, 디지타이징 비용이 포함되었으며, 편익항목으로는 접근비용, 대출시간 절감편익, 교통시간 절감 및 운영비용 절감편익이 포함되었다. 연구 결과 국립디지털도서관의 건립사업은 비용 대 편익의 비율이 1.70으로 분석되어 경제성이 양호한 것으로 판명되었다.

한편 비용편익분석 외에 손익분기분석(Break-Even Analysis)을 이용하여 디지털 매체의 경제성을 분석한 애넌드(Annand, 2002)는 아타바스카 대학교(Athabasca University, Canada)의 교재를 두 종류의 매체(인쇄물과 디지털)로 출판함으로써 매체별 생산비용을 비교하였다.9) 연구결과 학생 200명이 등록할 때 까지는 CD-ROM의 생산비용이 인쇄물보다 크나, 그 이상의 학생이 등록하게 되면 CD-ROM이 인쇄물보다 저렴한 것으로 나타났다. 이 연구는 디지털 매체의 경제성은 규모가 큰 사업에서 상대적으로 유

---

9) 손익분기분석(Break-Even Analysis)이란 매체 간 손해와 이익이 나누어지는 분기점을 알아보는 분석방법이다.

리하다는 것을 입증한 것이다.

2.4 선행연구 요약

자료관에서의 디지털 아카이빙에 대한 경제성 분석은 국내외에서 그 사례를 찾아보기 어려우므로 기록관리, 정보시스템 및 디지털화의 관련 분야에 대한 경제성 이론과 모형을 분석하였다. 처리비용에 관한 연구로부터 시작된 기록관리의 경제성 분석은 타 기관에 적용하기 어려운 객관성의 문제와 편익이 배제되는 한계점에 부딪히게 되었다. 이러한 문제점을 해결할 수 있는 대안으로 편익을 고려하는 비용편익분석이 기록관리의 경제성 분석을 위한 가장 전략적인 방법임이 제안되었다. 그러나 지금까지 기록관리 분야에서 수행되어 온 비용편익분석은 유형의 편익만을 포함하여 평가하고 있기 때문에 기록관리의 경제성이 과소평가 되어 왔다. 이는 기록관리로 인해 나타나는 무형의 효과를 정량화할 수 있는 기본 틀이 마련되어 있지 않기 때문이다.

반면 90년대에 이미 무형편익을 포함한 경제성 분석이 정보시스템 분야에서 수행되기 시작하였고, 그 근거는 정보경제학의 가치사슬 개념에 두고 있다. 특히 파커는 정보시스템의 무형편익을 가치가속, 가치연결, 가치재구성, 그리고 혁신으로 인한 가치로 구분하여 측정하는 방법을 제안하였다. 킹마와 김동석 외는 신속하게 디지털 매체에 접근함으로 인해 발생하는 접근편익이 디지털 매체의 경제성에 가장 중요한 영향을 미치는 무형편익이라고 주장하였다. 한편 안셀스테터는 가치연결의 효과가 파급되는 과정을 구체적으로 제시함으로써 파커의 가치연결 효과를 정량화할 수 있는 토대를 마련하였다.

디지털 아카이빙의 관련분야로부터 추출한 경제성 이론과 모형은 기존의 기록관리에서 수행되어온 경제성 분석 연구의 한계점을 보완하여 무형편익을 정량화할 수 있는 가능성을 제시한 것이라 할 수 있다.

제3장 연구의 방법

3.1 연구의 설계 및 절차

기록관리의 전통적인 경제성 분석 모형은 유형편익의 측정에 주안점을 두고 있기 때문에 기록관리의 가치가 그만큼 과소평가 되어 왔으며, 이를 토대로 분석할 경우 디지털 아카이빙의 경제성 역시 제대로 평가될 수 없다. 이러한 문제점을 해결하기 위하여, 본 연구는 디지털 아카이빙의 무형편익이 고려되는 경제성 분석 모형을 제시하여 종합적 가치를 평가할 수 있는 기본 틀을 구축하고자 하였다.

데이터 수집은 정량적 조사 방법과 정성적 조사 방법을 병용하여 이루어졌다. 정량적 조사를 위한 데이터 수집은 디지털 아카이빙 사용자 대상의 설문조사를 통하여 이루어졌다. 정성적 조사는 경제성에 미치는 요인을 분석하기 위한 것으로서 디지털 아카이빙 담당자 및 책임자와의 심층면담을 통하여 데이터를 수집하였다.

본 연구는 경제성 분석에 사용되는 가정들에 대한 불확실성과 이로 인하여 발생하는 결과에 대한 신뢰도 문제를 해결하기 위하여 미래의 상황변화에 따른 경제성 변화 내역을 민감도 분석을 통하여 추정하였다. 또한 디지털 아카이빙의 경제성 분석에 영향을 미칠 수 있는 요인들(기관의 유형, 도입 목적, 구축 방법)

에 따라 나타나는 경제성의 차이가 통계적으로 유의한 지 여부를 검증함으로써 디지털 아카이빙의 도입 계획 및 전략에 근거를 제시하고자 하였다.

본 연구의 절차는 크게 네 부분으로 구성된다. (<그림 3-1> 참조)

첫 번째, 관련분야의 경제성에 관한 여러 이론과 모형으로부터 디지털 아카이빙의 경제성 분석에 적용할 수 있는 모형을 도출한다.

두 번째, 도출된 디지털 아카이빙의 경제성 분석 모형을 현재 국내에서 디지털 아카이빙을 구축하여 활용하고 있는 기관들을 대상으로 사례분석을 실시한다. 사례분석은 심층면접과 설문조사를 통해 수행되며 분석대상은 국내 광역지자체 3개 기관, 시도교육청 3개 기관, 그리고 일반기업체 3개 기관의 총 9개 기관이다.

세 번째, 할인율과 공사비의 변화에 따른 분석 결과의 오차를 최소화하기 위하여 경제성의 변화 내역에 대한 민감도 분석을 실시한다.

네 번째, 디지털 아카이빙의 경제성에 영향을 미치는 요인을 파악하고 이들이 통계적으로 유의한 차이를 주는지 검증하기 위해서 요인 비교 분석을 실시한다.

<그림 3-1> 연구의 절차

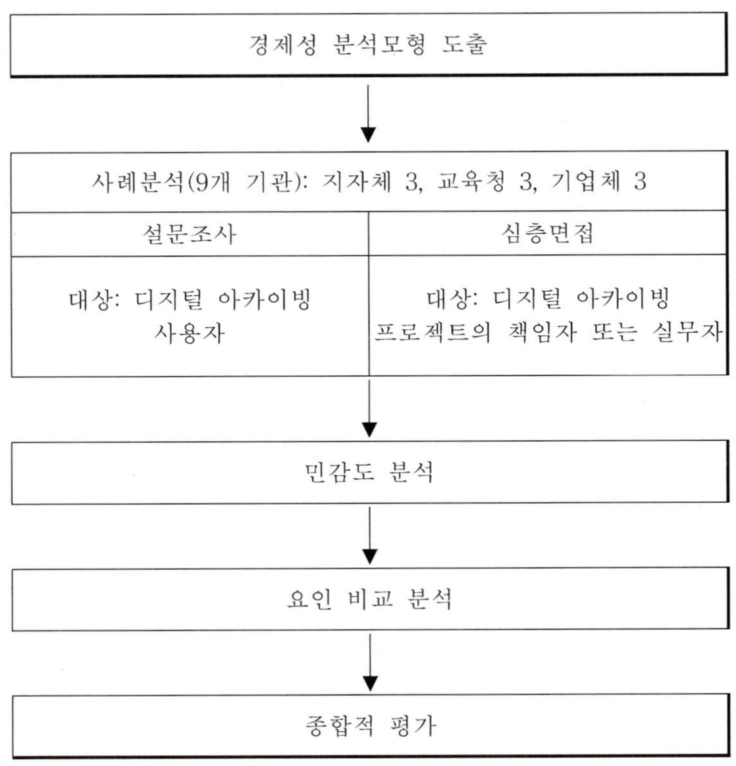

3.2 경제성 분석모형 도출방법

자료관에서의 디지털 아카이빙을 대상으로 경제성을 분석한 연구사례는 찾아보기 어렵다. 따라서 본 연구는 디지털 아카이빙의 관련분야인 기록관리, 정보시스템 및 디지털화의 경제성에 관한 선행연구로부터 선정된 이론과 모형을 중심으로 분석에 필요한 요소를 추출하여, 이를 토대로 디지털 아카이빙의 경제성 분석을 위한 모형을 수립하고자 하였다.

경제성 분석에 관련된 이론과 모형은 비용편익분석의 요소인 비용, 유형편익 및 무형편익을 기준으로 삼아 추출하였으며, 이는 무형적 편익의 발생이 크게 예상되는 디지털 아카이빙의 특성을 고려한 것이다. 추출된 이론과 모형을 토대로 디지털 아카이빙의 경제성 분석 요소들을 선정하였으며, 적합성 평가는 보편타당성과 정량적 측정 가능성 여부를 기준으로 삼았다. 이때 보편타당성의 기준은 제시된 분석 모형이 타 연구에서 적용된 사례가 있는 지 여부이다. (<그림 3-2> 참조)

<그림 3-2> 경제성 분석모형 도출방법

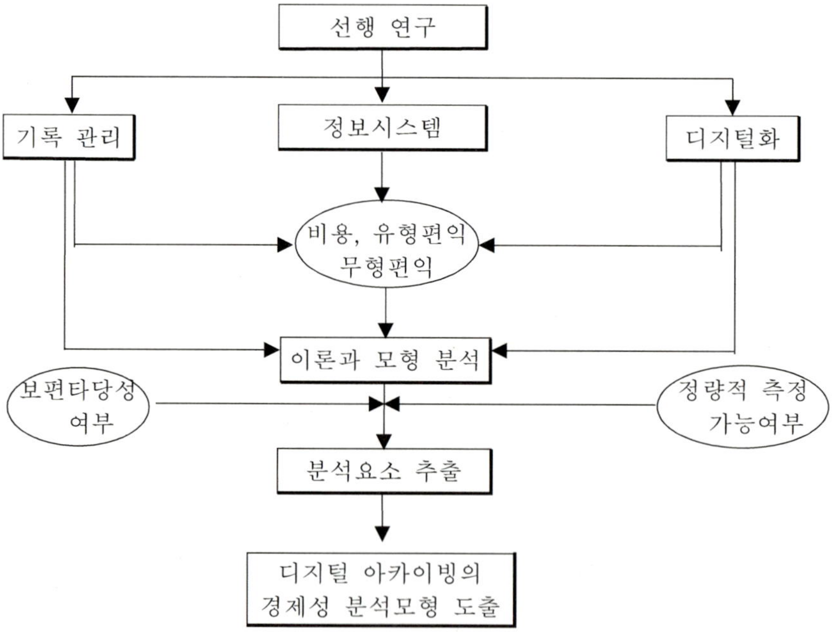

3.3 경제성 분석방법

본 연구에서는 여러 모형과 이론에서 도출한 경제성 분석모형을 디지털 아카이빙을 도입하여 활용하고 있는 국내 기관들에 적용하는 사례연구를 실시하였다. 사례연구에서는 디지털 아카이빙의 편익을 직접편익, 가치가속 그리고 가치연결의 효과로 구분한 다음, 이들 각각의 효과를 단계적으로 추가하는 분석방법을 실시하였다. 이는 직접편익을 통한 유형적인 가치만으로 경제성을 평가하는 방법에 비해 가치가속, 그리고 가치연결의 무형적 효과가 추가되었을 때 디지털 아카이빙의 가치가 얼마나 향상되는 지를 비교 분석하기 위한 것이다.

경제성 분석기간은 각 사업의 성격에 따라 다르다. 교통사업의 경우 도로사업은 운영개시 후 20년, 철도사업은 30년, 항만사업은 30년, 공항사업은 20년을 주로 적용하고 있다. 그러나 경제성 분석에서 최소 분석기간은 10년이라는 것이 전문가의 견해이며, 디지털 아카이빙이 국내에서는 초기 단계여서 예측 불허한 부분이 많이 발생할 수 있다는 이유로 인하여 본 연구에서는 사례분석 기간을 10년으로 설정하였다.[10]

---

[10] 한국개발연구원 공공투자관리센터.

3.3.1 분석대상

　본 연구의 분석대상에는 자료관에 디지털 아카이빙을 도입하여 이를 활용하고 있는 국내 모든 기관이 포함된다. 국내에는 디지털 아카이빙을 구축하였다 하더라도 아직 활용이 되지 않거나 시범적으로 운영되고 있는 기관이 많은 실정이다. 디지털 아카이빙을 구축하였을 뿐만 아니라 이를 활용하고 있는 기관을 분석대상으로 삼은 이유는 잠재 사용자 수를 추정하는 데 있어서 실제치(도입 후 현재까지의 활용빈도)를 근거로 함으로써 추정오차를 최대한 줄이기 위한 것이다. 따라서 본 연구는 두 가지 경우(디지털 아카이빙을 도입한 기관, 이를 업무에 활용하고 있는 기관)를 충족시키는 국내 9개의 기관을 모두 분석대상에 포함하였다.

　선정된 분석대상 기관들은 크게 공공기관과 민간기관으로 구분되며, 공공기관은 광역지자체와 시도교육청으로 나누어진다. 분석대상 기관의 디지털 아카이빙 도입연도와 잠재 이용자 수는 <표 3-1>과 같다.

<표 3-1> 분석대상 기관

기관의 유형		기관	디지털 아카이빙 도입연도(년)	디지털 아카이빙 잠재 이용자 수(명)
공공기관	광역지자체	A	2001	2,500
		B	2001	2,500
		C	2001	1,492
	시도교육청	D	2001	335
		E	2000	420
		F	2001	300
민간기관	일반기업체	G	1999	1,068
		H	2003	1,675
		I	2003	1,700

3.3.2 자료의 수집

2003년 8월부터 11월까지 4개월간 디지털 아카이빙 사용자 대상의 설문조사와 담당자들과의 심층면담을 통한 자료 수집이 이루어졌다. 설문 대상자의 수는 총 630명으로 각 기관에서 70명씩을 할당 추출하였다. 설문지의 문항은 <표 3-2>와 같이 인구통계학적 요인들, 가치가속에 의한 효과, 그리고 가치연결에 의한 효과를 측정하기 위한 항목 및 기타 항목으로 구성하였다. 심층면담에서 사용된 디지털 아카이빙의 담당자 및 책임자에게 요청된 현황조사서의 문항은 <표 3-3>과 같이 구성하였다.

<표 3-2> 설문지의 구성내용

설문구성	측정내용	세부측정 문항수	계
인구통계학 적요인	이름	1	4
	성별	1	
	업무분야	1	
	관련경력	1	
가치가속에 의한 효과	인쇄기록물 이용 빈도	1	2
	인쇄기록물(1건)을 찾는 데 소요되는 시간	1	
가치연결에 의한 효과	타부서를 방문하는 횟수의 감소여부	1	12
	타 부서를 방문하는 평균횟수의 감소분	1	
	타 부서를 1회 방문하는 데 소요되는 평균시간	1	
	전화통화를 하는 횟수의 감소여부	1	
	전화통화를 하는 평균 횟수의 감소분	1	
	전화통화를 1회 하는데 소요되는 평균시간	1	
	메시지를 전송하는 횟수의 감소여부	1	
	메시지를 전송하는 횟수의 감소분	1	
	메시지를 1건 전송하는 데 소요되는 평균시간	1	
	미팅하는 평균횟수의 감소여부	1	
	평균 미팅횟수의 감소분	1	
	1회 미팅하는 데 소요되는 평균시간	1	
기타	디지털 기록물과 인쇄기록물의 이용 빈도 비교	1	2
	디지털 아카이빙을 실시하기 전에 문서관리가 업무에 차지한 비율	1	

<표 3-3> 심층면담의 구성내용

설문구성	측정내용	세부측정 문항 수	계
기관에 대한 정보	건물 총 면적	1	6
	설립년도	1	
	건물임대 여부	1	
	건물평수	1	
	기관 전체 예산	1	
	직원 수	1	
기록관리 관련	기록관리 시작연도	1	8
	기록관리 예산	1	
	기록관리 담당직원 수	1	
	기록물의 이용자 수	1	
	기록관리 전용시스템 유무	1	
	기록물 관리규정 유무	1	
	자료관 유무	1	
	기록물 보유현황	1	
디지털 아카이빙 관련정보	디지털 아카이빙 구축 이전에 기록물의 체계적인 관리가 이루어지고 있었는지 의 여부	1	5
	디지털 아카이빙 대상기준	1	
	구축 방법	1	
	디지털 아카이빙의 효과	1	
	디지털 아카이빙 사업에 대한 제안 혹은 건의사항	1	
디지털 아카이빙 구축비용	디지털 아카이빙을 구축하는 데 투입된 비용	항목별 기입	

3.3.3 자료의 분석

3.3.3.1 분석도구

디지털 아카이빙으로 인한 가치가속 및 가치연결의 효과를 평가하기 위하여 수집된 설문조사의 결과는 정량적 방법을 통해 분석되었다. 분석도구로는 투자 대안을 평가할 때 자주 사용되는 순편익(net benefit), 순현재가치(net present value)와 편익－비용의 비율(the ratio of benefit to cost)을 사용하였다. (<그림 3-3> 참조)

<그림 3-3> 디지털 아카이빙의 경제성 분석도구

* 순편익(net benefit) = 편익(benefit) － 비용(cost)

* 순현재가치(Net Present Value: NPV)

$$\sum_{n=0}^{n} PVn = \frac{(B-C)_0}{(1+\gamma)^0} + \frac{(B-C)_1}{(1+\gamma)^1} + \frac{(B-C)_2}{(1+\gamma)^2} + \frac{(B-C)_3}{(1+\gamma)^3} + \cdots + \frac{(B-C)_n}{(1+\gamma)^n}$$

(PVn: n해의 순편익의 현재가치, r: 할인율, B: 편익, C: 비용)

* 편익－비용의 비율(ratio of benefit to cost)＝편익(benefit)/비용(cost)

$$\frac{B}{C} = \sum_{n=0}^{n} \frac{B_n}{(1+r)^n} \div \sum_{n=0}^{n} \frac{C_n}{(1+\gamma)^n}$$

(r: 할인율, B: 편익, C: 비용)

● 순편익: 순편익은 디지털 아카이빙으로 인한 편익에서 사업을 구축하는데 소요된 투자비용을 차감한 금액을 말한다. 순편익을 기준으로 경제성을 판단한다면 디지털 아카이빙에 투입되는 시설비용과 같은 초기 투자비용이 첫해에만 발생하고, 그 이후에는 영향을 미치지 않는 것으로 간주되기 때문에 경제성이 과대평가될 수 있다.따라서 순편익만을 기준으로 사업의 경제성을 판단하는 데에는 한계가 있다.

● 순현재가치: 디지털 아카이빙 시스템을 최초 구축한 시점부터 수명주기 동안 매년 얻게 되는 순편익의 합계를 현재가치로 환산한 값을 의미한다. 순편익을 현재가치로 환산하기 위해서는 할인율을 적용하여야 한다. 할인율이 적용된 디지털 아카이빙의 순현재가치가 '0'보다 크면 투자가치가 있는 것으로 평가하나, '0'보다 작으면 투자가치가 없는 것으로 평가한다. 어떤 종류의 할인율을 적용하느냐에 따라 사업의 경제성은 크게 달라질 수 있다. 게이블(Gable, 1992)에 따르면 순현재가치에만 전적으로 의존하는 것 역시 문제가 따르게 된다. 대규모 사업이 소규모 사업에 비해 순현재가치가 크게 발생하게 되어 대규모 사업이 통상 유리하게 평가되기 때문이다.

● 편익비용비율: 편익비용비율이 높은 사업일수록 경제적 타당성이 높은 것으로 평가하며 적절한 할인율을 적용하여 평가한다. 할인율이 적용된 디지털 아카이빙의 순현재가치가 '1'보다 크면 투자가치가 있는 것으로 평가하나, '1'보다 작으면 투자가치가 없는 것으로 평가한다.

본 연구의 경제성 분석은 순편익과 순현재가치의 한계점을 보완하기 위해 편익비용비율을 측정지표에 추가함으로써 규모에 관계없이 기관 간의 객관적인 평가가 가능하도록 하였다. 순현재가치의 추정 시 할인율은 <표 3-4>와 같이 각 기관의 디지털 아카이빙 도입년도에 해당하는 국고채 수익률을 할인율로 적용하였다.11)이는 국고채 수익률이 현재 일반 채권 및 시중 금리의 기준이 되고 있으며 디지털 아카이빙이 크게 위험을 수반하는 사업이 아니라는 특성을 고려한 것이다. 또한 편익비용비율을 측정지표로 함께 선정함으로써 순현재가치만을 기준으로 했을 때 대규모 사업에 통상 유리하게 나타나는 사업의 규모에 따른 문제점을 보완하며 경제성 분석 결과에 대한 비교가 가능하도록 하였다.

<표 3-4> 국고채 수익률

기관	디지털 아카이빙 도입년도(년)	국고채 평균 수익률(%)
A	2001	5.91
B	2001	5.91
C	2001	5.91
D	2001	5.91
E	2000	6.70
F	2001	5.91
G	1999	9.03
H	2003	4.23
I	2003	4.23

---

11) 국고채 수익률은 정부가 발행하는 국공채에 부과된 이자율로서 정부가 민간부분으로부터 차입하는 차입금에 대하여 지불하는 이자율이다. 무위험수익률(risk-free rate)로 대표되며 투자에 있어서 보수적인 수익률이다.

3.3.3.2 민감도 분석

일반적으로 경제성 분석을 하는 데는 여러 가지 상황을 가정하여 경제성을 분석하는 것이기 때문에 불확실성이 존재하며, 이로 인해 추정결과에 대한 신뢰도의 문제가 제기될 수 있다.따라서 민감도 분석을 실시함으로써 이 사업의 미래 불확실성이 얼마나 큰 가를 가늠해 보고자 한다.

민감도 분석을 실시한 내용은 크게 2가지로 구분된다. 첫째는 할인율, 둘째는 공사의 종류에 따른 공사비의 차이에 대한 경제성 변화내역이다. 할인율에 대한 민감도 분석에서는 가정한 변수들의 변화의 정도를 저위수준(low level), 중위수준(middle level), 고위수준(high level)의 3단계로 구분한 다음, 각 단계에서의 경제성을 분석하였다. 이때 중위수준은 본 연구의 경제성 분석에서 사용한 가정치이다. 저위수준은 본 연구의 가정치보다 낮아졌을 경우이며, 고위수준은 본 연구에서의 가정치보다 높아졌을 경우의 가정치이다. 한편 공사비에 대한 민감도 분석에서는 변화의 내역을 2단계(고위수준과 저위수준)로 구분하였다. 고위수준은 본 연구의 경제성 분석에서 사용한 가정치이며, 저위수준은 단순히 구조를 재배치함으로써 자료관을 설립한 경우의 가정치이다. 민감도 분석에서 효과로 본 내용은 직접편익, 가치가속, 가치연결을 모두 포함한 내용이다.

3.3.3.3 요인 비교 분석

경제성에 영향을 미치는 요인을 비교 분석하기 위해 디지털 아카이빙 담당자 및 책임자를 대상으로 한 심층면담을 통하여 정성적 분석을 실시하였다. 요인 비교 분석은 디지털 아카이빙의 경제성에 영향을 미치는 주요 요인들을 파악하여 디지털 아카이빙에 대한 도입여부를 판단하는 데 유용한 기준을 제공하며, 디지털 아카이빙의 경제성을 극대화하기 위한 근거를 제공하기 위한 것이다.

본 연구는 기관의 유형, 도입목적, 구축방법을 디지털 아카이빙의 경제성에 영향을 미칠 수 있는 요인으로 설정하고 이에 초점을 맞추어 심층면담을 수행하였다. 심층면담 분석은 면담내용을 모두 간략 기록의 형태로 옮긴 뒤, 링컨과 구바(Lincoln and Guba, 1985)의 자료 분석 방법인 단위화(unitization)와 범주화(categorization)의 단계를 거쳐 이루어졌다.12)

이러한 요인(독립변인)을 토대로 다음과 같이 가설을 설정하여 통계적으로 유의한 지를 분석하였다.

가설 1) 기관의 유형(광역지자체 對 시도교육청 對 일반기업체)에 따라 디지털 아카이빙의 경제성에 미치는 영향에는 차이가 있을 것이다.

가설 2) 도입목적(활용 對 보존)에 따라 디지털 아카이빙의 경제성에 미치는 영향에는 차이가 있을 것이다.

가설 3) 구축방법(외부용역 對 자체작업)에 따라 디지털 아카이빙의 경제성에 미치는 영향에는 차이가 있을 것이다.

---

12) 단위화란 데이터가 독자적인 의미를 가질 수 있는 최소한의 단위로 나누는 방법임. 범주화란 단위화된 데이터를 각 단위의 전체 상황에서의 특성과 의미를 고려하여 범주를 정하는 방법임.

독립변인인 기관의 유형, 도입목적, 구축방법이 실제로 경제성에 유의한 차이를 가져오는 지를 검증하기 위하여 수집한 9개 기관의 데이터를 정량적인 방법을 이용하여 각 항목별 요인분석을 실시하였다. 유의도 검증은 p-값 0.05를 기준으로 하였다.

(1) 기관 유형(광역지자체 對 시도교육청 對 일반기업체)별 요인 비교 분석

기관의 유형에 따라 경제성에 차이가 나타날 수 있다.이러한 경제성의 차이가 유의한 지를 검증하기 위해 비모수 방법인 크루스컬 월리스 검증방법(Kruskal-Wallis test)을 실시하였다[13].경제성 분석에서 산출된 광역지자체(3개 기관), 시도교육청(3개 기관), 일반기업체(3개 기관)의 순현재가치와 편익비용비율을 종속변수로 하고 각 유형을 독립변수로 하여 분산 분석을 실시하였다.

(2) 도입목적(활용 對 보존)별 요인 비교 분석

디지털 아카이빙의 도입 목적에 따라서 경제성에 차이가 있을 수 있다.기록물의 활용을 위주로 디지털 아카이빙을 도입한 기관은 단지 보존 차원에서 도입한 기관들보다 경제성이 클 수 있기 때문이다. 두 그룹에서 나타나는 경제성의 차이가 유의한 지에 대한 통계적 검증을 위해 비모수 방법인 윌콕슨 검증방법(Wilcoxon

---

13) 한정된 기관에서만 디지털 아카이빙의 도입이 활용되는 현실적 한계에 기인하여 표본이 9개 기관으로 제한되어 있으므로, 모수 통계나 비모수 통계의 일반적인 가정을 충족시키지 못하고 있다. 이로 인하여 분석결과의 신뢰성이 낮을 수밖에 없으나, 어떤 요인들이 경제성에 영향을 주는 지에 관한 단서의 제공은 가능하다.

Two-Sample test)을 사용하였다. 활용과 보존을 독립변수로, 두 개의 그룹에서 나타나는 순현재가치와 편익비용비율을 종속변수로 설정하였다.

(3) 구축방법(외부용역 對 자체작업)별 요인 비교 분석

심층면담 결과 디지털 아카이빙의 구축 방법에 따라서 경제성에 차이가 있을 수 있다.외부용역을 통해 디지털 아카이빙 시스템을 구축한 기관이 자체적으로 구축한 기관보다 경제성이 클 수 있기 때문이다. 두 그룹에서 나타나는 경제성의 차이가 유의한 지에 대한 통계적 검증을 위해 비모수 방법인 윌콕슨 검증방법을 사용하였다. 외부용역과 자체작업을 독립변수로, 두 개의 그룹에서 나타나는 순현재가치와 편익비용비율을 종속변수로 설정하였다.

제4장 자료관에서의 디지털 아카이빙의 경제성 분석모형

4.1 경제성 분석모형의 도출

4.1.1 관련분야의 경제성 분석이론과 모형분석

자료관에서의 디지털 아카이빙의 경제성 분석모형은 관련분야인 기록관리, 정보시스템 및 디지털화의 여러 이론과 모형을 토대로 도출되었다. 이는 디지털 아카이빙을 대상으로 경제성을 직접 분석한 연구사례를 찾아보기 어렵기 때문이다. 관련분야의 이론과 모형은 비용편익분석의 요소인 비용과 편익에 대한 선행연구 결과로부터 추출하였다. 편익에는 유형편익뿐만 아니라 무형편익도 포함되었다. 이는 디지털 아카이빙의 도입이 가시적인 편익보다는 업무의 효율성을 향상시키는 무형편익을 크게 발생시키는 특징을 지니고 있음을 고려한 것이다.

(1) 경제성 분석방법 모형

1990년대에 들어서면서 비용에 국한된 기존의 처리비용 연구와는 달리 투입된 비용과 이로 인해 발생하는 편익을 함께 고려하여 경제성을 추정해야 한다고 주장하는 기록관리 분야에서의 연구들이 발표되었다. 기록관리의 경제성 분석에 사용되는 모형은 크게 비용편익분석, 비용효과분석, 투자수익률, 투자회수기간분석으로 나누어진다. (<표 4-1> 참조)

브럼은 기록관리의 효과를 파악하기 위하여 비용편익분석을 사용하여 사례분석을 수행하였으며 드미트렌코(1997)는 비용편익분석이 기록관리의 경제성 분석을 위하여 가장 전략적인 방법이라고 주장하였다. 새퍼디는 기록관리의 경제성 분석에 사용될 수 있는 방법 −비용편익분석, 비용효과분석, 투자회수기간, 투자수익률−을 비교·설명하였다. 이 연구들 중 편익을 고려하여 정량적으로 경제성을 평가하고 후속연구에 의하여 그 타당성이 입증된 모형은 비용편익분석이다.

<표 4-1> 경제성 분석방법 분석표

모형		비용편익분석	
연구	내용	보편 타당성	정량적 측정 가능성
브럼(1993)	비용편익분석 방법을 이용한 사례분석수행		
드미트렌코 (1997)	비용편익분석 방법이 기록관리의 가장 전략적인 분석 방법임을 주장	O	O
새퍼디 (1999)	비용편익분석, 비용효과분석, 투자수익률, 투자회수기간을 이용한 기록관리의 경제성 분석에 대한 설명		

(2) 비용분석 모형

비용분석 모형은 크게 처리비용 분석과 분석비용의 범주화에 관한 연구로 나뉜다. 비용분석 모형의 토대가 되는 기록물의 처리비용 분석에 관한 모형은 마허(1982)와 윌스테드(1989) 그리고 에릭슨과 슈스터(1995)에서 나타나고 있다.

마허와 윌스테드는 한 기관에 소장되어 있는 기록물에 소요되는 평균 처리비용을 인건비, 자재비 및 서가비를 고려하여 산출하였는데, 이는 대상기관에 제한된 처리비용으로서 타 기관에 적용하는 데에는 한계가 있다. 한편 에릭슨과 슈스터는 저장비, 보존비, 행정비를 추가하여 보다 포괄적인 산출모형과 처리비용 결과의 객관성을 보완하기 위해 비율로 산출하는 방법을 제시하였다. 에릭슨과 슈스터의 처리비용 분석 모형은 새퍼디의 연구에서 기록관리의 경제성 분석을 위해서 적용된 바 있다.

경제성 분석비용을 범주화한 연구로는 정보시스템 분야에서의 이국희(1992)와 김효석(1996), 기록관리 분야에서의 브럼(1993)과 새퍼디(1999), 그리고 디지털화 관련비용에 관한 킹마(2000)의 연구를 들 수 있다. 고정비용과 가변비용으로 비용을 범주화하는 분석 방법은 새퍼디에 의하여 제안되었으며 킹마에 의하여 타당성이 입증된 바 있다.이는 초기에 고정비용이 크게 투입되는 반면 가변비용이 거의 없는 디지털 아카이빙의 특성을 고려한 것이다. 처리비용 분석에 관한 연구 중에서 보편타당성과 정량적 측정 기준을 모두 만족시키는 비용분석 모형은 비용의 요소들을 포괄적으로 제시한 에릭슨과 슈스터의 것이며, 비용 범주화 모형 중에는 가변비용과 고정비용으로 범주화한 킹마의 것이다. 이들

의 비용 범주화 모형을 보편타당성과 정량적 측정 가능성 측면
에서 분석하면 <표 4-2>와 같다.

<표 4-2> 비용모형 분석표

모형		보편타 당성	정량적 측정 가능성
연구	내용		
마허(1982) 윌스테드(1989)	인건비, 자재비, 서가비	X	O
에릭슨과 슈스터(1995)	인건비, 자재비, 서가비, 저장비, 보존비, 행정비	O	O
이국희(1992)	직접비용과 간접비용	X	O
브럼(1993)	직접비용과 간접비용	X	O
김효석(1996)	하드웨어 비용, 통신비, 인건비, 기타	X	O
새퍼디(1999)	직접, 간접비용 고정, 가변비용 통제, 비통제비용 초기 구축비용, 유지비용	O	O
킹마(2000)	고정, 가변비용	O	O

(3) 편익분석 모형

편익분석 모형은 크게 유형편익 분석과 무형편익 분석으로 구
분된다. 유형편익 분석에 관한 모형은 브럼과 드미트렌코에서 나
타나고 있다. 브럼의 사례분석에서 편익은 가시적인 비용절감과
비용회피의 유형편익으로 측정되었으며, 이는 드미트렌코의 연구
에 적용되었다. 드미트렌코는 기록관리의 경제성을 유형편익, 무
형편익 및 비용회피로 범주화하였으며 유형편익은 기록관리를

도입함으로 인하여 나타나는 가시적인 직접편익으로, 무형편익은 관리시간 단축 등으로 인한 비용절감으로 측정되어야 한다고 주장하였다. 유형편익 분석에 관한 연구 중에서 보편타당성이 입증되고 정량적으로 측정이 가능한 요소는 브럼이 제시한 모형이다.

기록관리 분야에서 경제성 분석에 무형편익을 포함하여야 한다는 주장이 쉬멘트(1990), 스콥스키(1991), 실버를 비롯한 몇 몇 연구에서 나타났다. 쉬멘트와 스콥스키는 기록관리로 인해 발생하는 무형편익－신속한 경쟁정보 제공, 필요한 자료의 적시 제공 및 정확한 자료 제공－이 경제성 분석에 포함되어야 한다고 주장하였다. 실버(1998)는 무형편익의 중요성을 푸르덴셜 보험회사의 사례를 들어 설명하였으며, 씨스코(1999)와 새퍼디는 이러한 무형의 편익은 계량화하여 측정할 필요가 있음을 주장하고 있다. 그러나 이 연구들은 단지 이론에 그침으로써 보편타당성이 입증되지 못하였으며 정량적으로 측정할 수 있는 근거와 방법을 제시하지 못하였다.

그러나 정보시스템 분야에서는 포터의 가치사슬 개념이 무형편익을 측정할 수 있는 근거 이론으로 경제성 분석에 적용되어 왔다. 포터(1985)의 가치사슬 개념을 바탕으로 파커(1988)는 정보시스템의 무형편익을 가치가속, 가치연결, 가치재구성, 그리고 혁신으로 인한 가치로 범주화한 모형을 제시하여 무형편익을 정량화하는 데 직접적인 영향을 주었다. 파커의 모형에서 가치재구성과 혁신으로 인한 가치는 파커 자신과 후속 연구에 의하여 정량적으로 평가하기에 난해한 요소로 평가되었다. 이러한 이유를 근거로 정보시스템 분야에서의 강성홍(1997)의 연구가 파커의 가치가속과 가치연결의 효과만으로 한 의료기관의 경제성 분석을 수행하였다. 디지털 아카이빙의 무형편익에 관련된 연구 중에서 보편타당성과 정량적 측정 기준을 모두 만족시킨 무형편익의 요소는 포터의 가치사슬 개념과 이를 토대로 한 파커의 모형이다.

가치가속 효과와 관련된 무형편익 분석은 킹마와 김동석 외(2001)의 연구이다. 킹마는 시스템의 도입으로 발생하는 접근 속도의 향상을, 김동석 외는 여러 곳에서 디지털 자료에 접근할 수 있음으로 나타나는 비용절감 편익을 접근편익의 모형으로 제시하였다. 이들 연구는 접근편익이 디지털 매체의 경제성에 가장 중요한 영향을 미치는 무형편익이라는 사실에 동의하고 있으며 정량적 측정 방법을 제시하고 있다.

가치연결 효과와 관련된 유일한 무형편익 분석이 안셀스테터(1986)의 모형이다. 안셀스테터는 정보시스템을 도입함으로써 기관에 파급되는 효과를 분석하여 체계화 하였으며 이는 파커에 의하여 가치연결 효과로 설명되었다. 안셀스테터는 가치연결의 편익 체계를 설명하면서 정보시스템의 도입으로 나타나는 의사소통의 향상이 파급 효과ㅡ회의횟수 및 부서 간 이동 감소, 작업의 신속성 증가, 전화통화 수 감소, 문서메시지 또는 편지 사용의 감소, 개선된 문서의 질, 그리고 신속한 문서작성 및 전달ㅡ로 이어져 기관의 전략적인 목표를 달성하게 한다고 설명하였다. 안셀스테터의 분석 모형은 무형편익 중 가치연결 효과를 측정하는 모형으로 파커에 의하여 보편타당성이 입증되었으며 부분적으로 정량적 측정이 가능한 것으로 평가되었다.

이들의 편익 범주화 모형을 보편타당성과 정량적 측정 가능성 측면에서 분석하면 <표 4-3>과 같다.

<표 4-3> 편익모형 분석표

모 형		보편 타당성	정량적 측정 가능성	비고
연구	내용			
브럼(1993)	유형편익: 비용절감과 비용회피	O	O	유형 편익
드미트렌코(1997)	유형편익: 비용절감(직접편익)			
포터(1985)	가치사슬 개념 제시	O	O	
쉬멘트(1990) 스콥스키(1991)	기록관리의 무형편익: 신속한 경쟁 정보, 필요한 자료의 적시제공, 정확한 자료 제공	X	X	
실버(1998)	무형편익의 중요성을 사례로 입증 (푸르덴셜)	X	X	
씨스코(1999) 새퍼디(1999)	무형편익의 정량적 분석 필요성 주장	X	X	무형 편익
파커(1988)	정보시스템의 무형편익: 가치가속, 가치연결가치재구성, 혁신으로 인한 가치	O	O	
킹마(2000)	디지털화의 무형편익: 접근편익	O	O	
김동석 외(2001)	디지털화의 무형편익: 접근편익	O	O	
안셀스테터(1998)	가치연결 효과 체계 확립	O	O	

4.1.2 디지털 아카이빙의 경제성 분석방법 및 분석요소 추출

디지털 아카이빙의 경제성 분석방법 및 분석요소는 <표 4-4> 와 같이 관련 분야의 경제성 분석 이론과 모형을 중심으로 적합 성 평가를 거쳐 추출하였다. 적합성 평가는 보편타당성 여부와 정량적 측정 가능성 여부를 기준으로 삼았다.

적합성 평가를 통해 분석방법으로 비용편익분석이, 분석요소로 비용요소, 유형편익 요소, 무형편익 요소가 추출되었다. 비용요소로 추출된 인건비, 공간비, 시설장비비, 전산장비비, 유지보수비, 관리비 및 예비비는 에릭슨과 슈스터의 모형을 토대로 디지털 아카이빙 사업이 요구하는 전산장비비와 이에 대한 유지보수비를 포함하여 설정되었다. 이러한 비용요소들은 킹마의 모형을 토대로 고정비용과 가변비용으로 범주화되었다.

유형편익의 요소로는 브럼과 드미트렌코의 모형이 제시한 직접편익이 추출되었으며, 이는 비용요소들의 절감을 통해서 발생하는 편익을 의미한다. 한편 가치사슬 개념을 토대로 한 무형편익의 요소는 파커의 모형이 제시한 요소들 중에서 가치가속과 가치연결 효과만을 추출하였다. 가치가속 효과를 위한 요소는 킹마와 김동석 외의 모형에서 접근편익이, 가치연결 효과는 안셀스테터의 분석체계에 따라 정량적 측정이 가능한 타 부서 방문 횟수, 전화통화 횟수, 이메일 횟수, 미팅 횟수의 감소가 추출되었다.

<표 4-4> 디지털 아카이빙의 경제성 분석요소 추출

모형		보편타당성	정량적 측정 가능성	비고	
연구	내용				
브럼(1993) 드미트렌코(1997)	비용편익분석 방법이 기록관리의 경제성 분석을 위하여 가장 전략적인 방법임	O	O	분석방법	
에릭슨과 슈스터(1995)	인건비, 자재비, 서가비, 저장비, 보존비, 행정비	O	O	비용	
킹마(2000)	고정, 가변비용	O	O		
브럼(1993) 드미트렌코(1997)	유형편익: 비용절감(직접편익)	O	O	유형편익	분석요소
파커(1988)	무형편익: 가치가속, 가치연결, 가치재구성, 혁신으로 인한 가치	O	O	무형편익	
킹마(2000)	무형편익: 접근편익	O	O		
김동석외(2001)	무형편익: 접근편익	O	O		
안셀스테터(1998)	가치연결 효과 체계 확립	O	O		

4.1.3 디지털 아카이빙의 경제성 분석 기본모형 및 분석요소

디지털 아카이빙의 경제성 분석에 관한 제이론과 모형 및 분석요소에 대한 분석을 토대로 도출된 본 연구의 기본 모형은 <그림 4-1>과 같다. 디지털 아카이빙의 경제성 분석의 비용요소는 고정비용과 가변비용을, 편익요소는 유형편익과 무형편익을 포함한다. 고정비용은 공간비, 인건비, 시설장비비, 전산장비비, 유지보수비

로 측정되며, 가변비용은 인건비, 소모품비, 관리비 및 예비비로
측정된다.14) 유형편익은 비용(고정비용과 가변비용)의 절감으로
측정되며, 무형편익의 가치가속 효과는 접근편익으로, 가치연결
효과는 의사소통 향상의 정도(타 부서 방문 횟수, 전화통화 횟수,
이메일 횟수, 미팅 횟수의 감소로 인한 비용절감)로 측정된다.

<그림 4-1> 디지털 아카이빙의 경제성 분석 기본모형

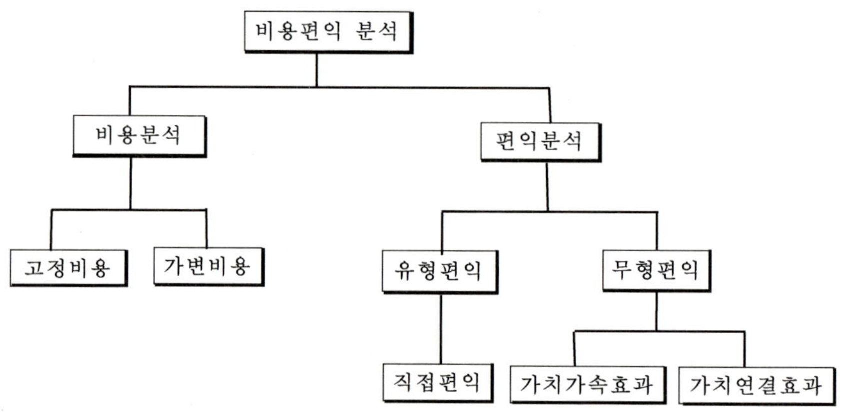

4.2 비용의 측정

　디지털 아카이빙의 사업에 투입되는 비용은 고정비용과 가변비
용으로 범주화하며 각 항목에 대한 구체적 평가지표는 <표 4-5>
와 같다. 고정비용은 디지털 아카이빙을 구축하기 위해서 기본적
으로 투입되어야 하는 불변의 비용으로 공간비, 인건비, 시설장비

---

14) 고정비용의 인건비는 정규직원의 급여, 가변비용의 인건비는 시간당 봉급자의
　　급여이다.

비, 전산장비비, 전산장비의 유지보수비로 구분된다. 가변비용에는 기록물 한 단위를 생산하는 데 투입되는 인건비, 소모품비 및 기타 비용이 포함된다. 디지털 아카이빙 사업에 투입되는 총 비용은 고정비용과 가변비용의 합으로 산출된다.

<표 4-5> 비용항목

항목	범주	평가항목	평가지표
비용	고정 비용	공간비	자료관(열람공간, 작업공간, 업무공간, 서버실 등)의 건립에 소요된 비용
		인건비	기록관리 전문가, 행정직원, 전산담당 직원 등 정규직원의 급여
		시설장비비	항온항습기, 소화기, 서가, 특별보관함, 항산 처리된 문서상자, 항산처리된 파일홀더, 기록보관함, 파일캐비넷, 이동 수레(book cart), 스캐너 등의 구입비용
		전산장비비	스캐너, 기록관리용 시스템, 소프트웨어, 네트워크 비용 등의 구입비용이나 임대비, 시스템 업그레이드 비용 및 변환비용
		유지보수비	시설 및 전산장비의 유지관리비
	가변 비용	인건비	시간당 봉급자(스캐닝 담당 등)의 급여
		소모품비	스캐닝 및 디지털 아카이빙의 구축하는 데 소요되는 소모품의 비용
		관리비 및 예비비	신축된 자료관을 관리하는 데 소요되는 관리비와 예기치 않게 소요될 수 있는 예비비

본 연구의 경제성 분석에 매몰비용(sunk cost)은 포함되지 않는다[15]. 또한 경제성 분석은 재무 분석과는 달리 세금 등의 비

---

15) 매몰비용은 디지털 아카이빙에 사용되는 장비 및 소모품이라 하더라도 이미

용은 포함하지 않으므로 모든 세금은 분석대상에서 제외한다.

4.2.1 공간비

고정비용에 포함되는 공간비는 자료관의 신축공사에 소요되는 추정 공사비이며, 산출식은 <그림 4-2>와 같다. 흔히 중간 문서고라고도 불리우는 자료관은 기관의 문서과와 기록 보존소의 중간 단계로 안전하고 보안이 잘 유지되어야 하며, 기록물을 효율적으로 식별하고 검색할 수 있는 적절한 시스템이 구축되어야 한다. 이러한 특수한 목적을 수행하기 위해서 자료관은 신축공사가 요구되나 국내 대부분의 기관은 기존 공간을 간단히 실 배치만으로 자료관을 설립하고 있는 실정이다.

<그림 4-2> 공간비 산출식

공 간 비 = 자료관 면적 × 면적당 신축 공사비

자료관의 신축 공사비 추정은 한국감정원의 건물신축 단가표를 근거로 하였으며, 이는 기관의 유형, 건축자재 및 등급 등 공사비 내역에 영향을 미치는 제 요인을 통제하기 위한 것이다.[16] 건물신축 단가표에 의하면, 건물은 유형에 따라 공공청사와 사무실 건물로 이들은 다시 건축자재와 규모 그리고 등급으로 구분

기존에 다른 목적을 위한 구입에 소요된 비용이며, 이는 경제성 분석에 포함시키지 않는다는 일반 경제성 이론을 근거로 한 것이다.

16) 한국감정원. 2002. 「건물신축단가표」. 2002.

된다. 공공기관에는 <표 4-6>의 2000평 이하의 공공청사 건물, 일반 기업체에는 <표 4-7>의 6층-15층 이하의 사무실 건물에 해당하는 단가표를 적용하였다. 건축자재는 철근 콘크리트 슬래브를, 등급은 3급을 일괄적으로 모든 기관에 적용하였다.[17]

단, 본 연구의 경제성 분석에서는 부대설비 보정단가와 내용연수는 고려되지 않는다. 또한 자료관 공간의 토지 매입 및 보상비 등의 비용 역시 사업평가 이전에 이미 발생된 매몰비용으로서 본 연구의 비용항목에는 포함되지 않는다.

<표 4-6> 표준 신축 단가표: 공공청사(2000평 이하: 철근 콘크리트 슬래브)

(단위: 원)

구 분	1998년	2000년	2002년
2급	658,000	620,000	667,000
3급	627,000	591,000	637,000

<표 4-7> 표준 신축 단가표: 사무실(6층~15층 이하: 철근 콘크리트 슬래브)

(단위: 원)

구 분	1998년	2000년	2002년
1급	768,000	736,000	796,000
2급	722,000	683,000	734,000
3급	680,000	643,000	692,000
4급	625,000	589,000	639,000
5급	584,000	550,000	597,000

---

17) 한국감정원 전문가의 자문을 토대로 한 것이다.

4.2.2 인건비

디지털 아카이빙 구축에 참여하고 있는 정규직의 급여가 고정비용에, 임시직의 급여가 가변비용에 포함된다. 정규직은 사업기간 동안 계속 고용될 것으로 가정되는 반면, 임시직은 스캐닝 작업을 하거나 데이터 입력을 위해서 임시로 고용된다. 임시직의 급여는 취업상태에 있을 때 실제로 지불된 인건비를 기준으로 하며, 여기에 실업 수당 등은 고려하지 않는다. 인건비 산출식은 <그림 4-3>과 같다.

<그림 4-3> 인건비 산출식

인건비 = 고정비용 + 가변비용
고정비용 = 연평균 급여 × 정규직원 수
가변비용 = 일용직에게 실제로 지불된 급여

4.2.3 시설장비비

시설장비비는 디지털 아카이빙을 구축하고 보존하는 데 필요한 항온 항습기, 소화기, 공기 청정기, 서가 캐비넷 등의 시설장비 구입비용이다. 공공기관의 기록물관련 법률 시행령에 의하면, 자료관에는 기본적으로 면적 99m2당 항온 항습기 1대(패키지형 1대, 500만원)와 소화기 1대(1대, 약100만원)가 구비되어야 한다.[18][19] 시설장비비에

---

18) 기록물관리기관의 보존시설 장비의 기준(제38조 기준).
19) 2003년도 12월 구입 기준으로 국가기록원 행정지원과 연구원의 자문에 의한

각 기관의 자료관 면적에 해당하는 항온 항습기와 소화기의 구입비용을 포함한다.[20] 시설장비비의 산출식은 <그림 4-4>와 같다.

<그림 4-4> 시설장비비 산출식

$$시설장비비 = [(자료관\ 면적 \div 99m^2) \times 500만원] + (자료관\ 면적 \div 99m^2) \times 100만원]$$

단, 분석대상 기관이 실제로 투입한 시설장비가 법률 시행령에서 요구하는 기준보다 많을 경우에는 실제 구입비용을 적용하는 반면, 그렇지 못할 때는 시행령에 준하는 시설장비비를 추정한다. 시설장비 및 전산장비의 생애주기인 5년마다 재투자가 발생하는 것으로 가정한다.[21] 재투자를 할 때에 발생하는 비용은 초기 비용과 동일한 것으로 가정하는 데, 이는 시간이 흐르면서 장비의 질이 향상되어 동일한 비용으로 향상된 품질의 장비 구입이 가능해지기 때문이다.

4.2.4 전산장비비

전산장비비는 디지털 아카이빙의 구축을 위한 소프트웨어(프로그램), 쥬크박스, 스캐너, 프린터 등의 장비와 서버장비, 저장

것이다.

20) 예를 들어 기록관리의 법률 시행령에 의하여 990m2의 자료관에 구비해야 하는 기준 시설장비비는 6천만 원(500만원 × 10 + 100만원 × 10)이다.

21) 기록관리 분야의 선행연구에서 사용되어 온 기준치임.

장치, 네트워크 등의 하드웨어 구입비용을 의미하며 전산장비비 산출식은 <그림 4-5>와 같다.

<그림 4-5> 전산장비비 산출식

전산장비비 = 각 기관에서 실제로 전산장비의 구입에 실제 투여한 비용

공공기관은 행정부에서 제안하는 자료관시스템(ERMS)을 2004 년까지 의무적으로 도입하도록 법률로 제정하고 있다.[22] 디지털 아카이빙 도입 초기에 국내 각 기관들이 개별적으로 구축한 전자문서관리시스템(EDMS)이 기록물의 보안뿐만 아니라 기록물 관리시스템으로서의 기본 전제 조건인 원본성 및 진본성을 인증하지 못하고 있기 때문이다.

자료관시스템은 이미 구축된 전자문서관리시스템의 주요 기능을 기반으로 시스템 화된 하나의 독립적 시스템이냐, 두 개의 시스템이 연계 연동되어 통합된 상호 보완 시스템으로 구축되느냐에 따라 비용의 차이가 크게 날 수 있다. 그러나 자료관시스템의 평균 구축비용은 평균 3억으로 가정하였다[23].

디지털 자료의 장기보존 및 원격접근 환경을 계속 유지 강화하기 위한 관리에 투입되는 매체재생, 매체변환, 기술이전 등의 관리비용은 일반적으로 전산장비의 업그레이드에서 발생하기 때문에 전산장비의 재투자비용에 포함된다.[24][25][26]

---

22) 자료관 시스템은 기록물이라는 특성에 맞는 관리를 가능하게 해주고 제도적 그리고 법적인 근거를 제공하여 주는 것을 기본 전제 조건으로 한다.
23) 국가기록원 보존관리과 연구원의 자문을 토대로 한 것이다.
24) 매체재생(medium refreshing)은 기본적으로 '매체의 복제'를 의미한다. 즉, 디

4.2.5 유지보수비

유지보수비는 투입된 전산장비를 생애주기 동안 유지관리하기 위해서 매년 투입하는 비용을 말한다. 전산장비의 유지보수비는 구입비용의 8%로 설정하였으며 이는 일반적으로 경제성 분석에서 이용되고 있는 기준치이다. 유지보수비는 구입 후 1년간은 무상 하자보수 기간이므로 그 다음 해부터 적용한다. 유지보수비 산출식은 <그림 4-6>과 같다.

<그림 4-6> 유지보수비 산출식

유지보수비 = 전산장비비 × 8%(단, 구입 후 1년간은 무상 하자보수 기간임)

4.2.6 관리비 및 예비비

사업을 진행시키는 과정에서 예기치 못한 일들이 무수하게 발생하게 될 문제들에 대한 사전 예방조치로 관리비 및 예비비로 가변비용에 포함된다. 관리비는 자료관의 지속적인 관리를 위한

지털 정보를 축적한 매체가 한계수명에 도달하면 동일한 기술을 사용하여 동종의 새로운 매체에 복제하는 것을 말한다.

25) 미디어 컨버전(media conversion)은 서로 다른 정보기록매체 간의 포맷, 코드, 데이터 등의 변환처리과정을 말한다.

26) 기술이전(migration of technical environment)은 새로운 정보시스템을 개발 혹은 개선 시 구 정보시스템에 다른 방식으로 축적된 과거자료가 존재할 때 이 자료를 새로운 시스템에서 운용 가능하도록 변경, 저장하는 과정을 말한다.

것이며, 예비비는 전산 및 시설장비 등 각 비용항목에 책정된 예산 이외에 추가로 비용이 투입되어야 하는 불가피한 경우를 대비하기 위한 것이다. 그러나 기존 대부분의 경제성 분석들이 예비비를 반영하고 있지 않기 때문에, 타당성 조사를 위한 관리비 및 예비비의 일관성 있는 기준은 아직 없다.

예비비를 산정한 국내의 연구로는 수자원개발사업과[27] 교통사업의 경우를 들 수 있고 이들이 적용하는 국제적 관례 등을 참조하여 관리비와 예비비를 각각 자료관 공사비의 0.5%, 10%로 산정하였으며, 그 산출식은 <그림 4-7>과 같다.

<그림 4-7> 관리비 및 예비비 산출식

```
관리비 = 공간비 면적 × 면적당 신축 공사비 × 0.5%
예비비 = 공간비 면적 × 면적당 신축 공사비 × 10%
```

4.2.7 기타 소모품비

기타 소모품비는 가변비용에 속하며 광(光)파일 스캔작업, 서버 등록, 색인입력 등 디지털화 작업을 하는 데 필요한 종이, 복사비, 소모품비 등에 소요되는 기타 비용이 포함된다. (<그림 4-8> 참조)

<그림 4-8> 기타 소모품비 산출식

```
기타 소모품비 = 디지털화 작업에 소요된 종이, 복사비, 소모품비 등
```

---

[27] 한국수자원공사. 1998. 「감포댐 예비타당성조사보고서」.

4.3 편익의 측정

디지털 아카이빙의 편익은 유형편익과 무형편익으로 나뉜다. 유형편익이라는 것은 통상 시장에서 평가될 수 있는 계량화가 가능한 편익을 뜻하는 반면, 무형편익은 계량화하고 객관적으로 평가하기 어려운 편익을 말한다.

4.3.1 유형편익: 직접편익

유형편익은 <표 4-8>과 같이 직접편익으로 평가되며, 직접편익은 비용절감과 비용회피로 구분된다. 비용절감은 디지털 아카이빙을 구축함으로써 기존 업무 프로세스가 개선되어 절감되는 비용을 말하며, 비용회피는 디지털 아카이빙을 구축함으로써 추가로 발생하지 않아도 되는 비용을 말한다.

<표 4-8> 유형편익의 항목

편익종류	평가항목	세부평가 항목	평가지표
유형편익	직접편익	비용절감 비용회피	공간비 절감액 시설장비비 절감액 복사비

직접편익은 디지털 아카이빙을 도입함으로써 절감 또는 회피할 수 있는 공간비, 시설비, 복사비의 합이며 산출식은 <그림 4-9>와

같다. 직접편익은 기록물 이관, 폐기 및 디지털 기록물의 생산으로 발생하는 절감분을 공공기관의 기록물관련 법률 시행령에 준하여 산출하였다.[28] 공간비 절감편익은 자료관의 신축 공사비로 추정하며, 시설장비비 절감편익은 회피할 수 있는 서가의 추가 구입비용이다. 기록물 이관 및 폐기로 이용할 수 있는 자료관 공간이 늘어난다 하더라도 항온 항습기와 소화기 등은 지정된 공간에 구비해야 하는 필수 시설장비이기 때문에 절감편익에서 배제하였다.

<그림 4-9> 직접편익의 산출식

$$직접편익 = 공간비\ 절감편익 + 시설장비비\ 절감편익 + 복사비\ 절감편익$$

공간비 절감편익 $= 99m^2 : 10,000$권 $=$ x $:$ 기록물 이관량
$= x$ (기록물 이관으로 절감된 공간면적) $\times$ 신축공사비

시설장비비 절감편익 $= 99m^2 : 16$개(복식서가) $= x : x_1$
$= x_1$ (기록물 이관으로 절감된 복식서가 개수) $\times$ 462,000원

복사비 절감편익(공공기관) $=$ 연평균 문서생산량(권) $\times$ 200매 $\times$ 5%
(보존기간 20년 이상) $\times$ 30원(복사비/1매)

<표 4-9>에 나타나 있는 공공기관의 기록물 이관량 중 실제치는 2001년과 2002년이며, 2003년부터의 이관량은 추정에 의한 것이다. 2003년과 2004년의 이관량은 담당자의 자문을 토대로 하였으나, 그 이후(2005년-분석기간)는 기관의 유형별 연평균 문서생산량(2002년 기준)과 국가기록원에서 제공하는 통계치를 근거로 추정하였다. 국가기록원에 의하면 유형별 연평균 문서생산량 중 보존기간 20년 이상(디지털 아카이빙의 대상자료)의 기록물

---

28) 공간 면적 99m²당 10,000권의 기록물 소장, 99m²당 16개의 복식서가(6단2연) 비치 복식서가 1개(462,000원).

은 평균 5%이며, 이중 국가기록원으로 이관된 기록물은 일부분
(중앙행정기관은 80-90%, 광역지자체는 60%, 그리고 교육행정
기관은 30%)에 불과하다.[29]

<표 4-9> 공공기관: 기록물 이관량

(단위: 권)

유형	기관	2001	2002	2003	2004	2005	2006	2007	2008	2009	2010
광역 지자체	A	0	0	0	0	0	0	0	0	0	0
	B	1362	1832	1800	1800	1200[30]	1200	1200	1200	1200	1200
	C	14504	6657	5290	5290	5290	1200	1200	1200	1200	1200
시도 교육청	D	152	468	310	310	310	300	300	300	300	300
	E	704	2016	680	680	300	300	300	300	300	300
	F	0	0	0	0	2317	300	300	300	300	300

한편 기록물 이관이 이루어지지 않는 일반기업체에서의 직접
편익은 디지털 아카이빙을 도입한 후 이루어진 인쇄 문서의 폐
기 및 디지털 매체의 생산으로 인해 발생하는 비용의 절감으로
측정하였다. 그러나 이를 정확히 측정하는 데 무리가 있으므로,
<표 4-10>과 같이 각 기관(일반기업체)의 담당자가 추정하는
절감된 면적의 절감률을 토대로 공간비 및 시설장비비 절감편익
을 산출하였다.

---

29) 공공기관에서의 연평균 문서생산량은 광역지자체(16개)는 4만권(서울특별시는
 평균 536,055권, 제주시 평균 7,120권), 시도교육청은 2만권이다.
30) 기관B(광역지자체)의 2005년 기록물 예상 이관량 = 40,000권 × 5% × 60%
 = 1,200권

<표 4-10> 일반기업체: 자료관 면적의 추정 절감률

(단위: %)

유형	기관	1차년	2차년	3차년	4차년	5차년	6차년	7차년	8차년	9차년	10차년
일반 기업체	G	60	12	12	12	12	12	12	12	12	12
	H	60	12	12	12	12	12	12	12	12	12
	I	34	34	34	34	34	34	34	34	34	34

복사비 절감편익은 디지털 아카이빙을 도입하게 되면서 감소된 복사량으로 인하여 절감된 비용이다. 공공기관의 복사비 절감편익은 보존기간 20년 이상의 기록물을 한부씩 복사하는 비용으로 추정한다. 이는 디지털 아카이빙 도입 전에 적어도 보존기간 20년 이상의 기록물이 타 부서 회람이나 보존을 위해서 몇 부씩 복사되어 왔기 때문이다.[31] 반면 일반기업체의 복사비 절감편익은 각 기관에서 디지털 아카이빙 실시 후 추정한 보고 자료의 내역을 근거로 하였다. 복사비는 1매당 30원을 적용하였다.[32]

---

31) 한 부씩 복사하는 비용만을 복사비 절감액에 포함하는 본 연구의 추정치는 매우 보수적인 가정치라고 할 수 있다.

32) 복사비(1장)의 산출내역 = 부품(3원) + 토너(8원) + 드럼(4원) + 종이(10원) + 전기세(5원) = 30원

4.3.2 무형편익: 가치가속 및 가치연결에 의한 편익

본 연구의 무형편익은 <표 4-11>과 같이 가치가속으로 인한 편익과 가치연결로 인한 편익의 두 가지 측정항목으로 나누어진다. 가치가속으로 인한 편익은 접근시간 절감으로, 가치연결로 인한 편익은 의사소통 향상의 정도로 평가된다. 가치가속과 가치연결의 효과는 설문조사의 결과를 토대로 추정하였다.

<표 4-11> 무형편익의 항목

편익종류	평가 항목	세부 평가 항목	평가지표
무형편익	가치가속으로 인한 편익	접근시간 절감	접근시간
	가치연결로 인한 편익	의사소통의 향상	타 부서에 방문하는 횟수
			전화통화 횟수
			메시지 보내는 횟수
			회의건수

4.3.2.1 가치가속으로 인한 편익

(1) 접근편익

파커에 의하면 가치가속으로 인한 편익은 정보의 전달을 신속하게 해주어 조직의 가치가 향상되는 것을 시스템의 가치로 파악하여 분석하는 것이다. 킹마는 디지털 매체에 신속하게 접근함으로써 절감되는 비용의 효과를, 김동석 등은 디지털 매체에 여러 명이 동시에 접근할 수 있으므로 발생하는 편익을 접근편익으로 정의하였다.33)34) 킹마는 접근비용을, 김동석 등은 디지털 도서의 이용횟수를 근거로 한다는 점에서 접근편익에 대한 정의에 약간의 차이는 있으나, 두 연구 모두 접근편익이 디지털화의 가장 중요한 편익이라는 점에는 의견을 같이하고 있다.

본 연구는 접근편익을 기존 인쇄문서에 비해 신속하게 접근할 수 있어 절감되는 접근시간의 효과로 정의하며, 이는 절감되는 시간은 비용의 절감에 직접적인 영향을 미치기 때문에 이들을 동일선상에서 보아야 한다는 킹마의 주장을 근거로 한 것이다.

디지털 아카이빙의 접근편익은 디지털 기록물에의 접근이 가능한 곳을 방문하는 데 소요되는 고정시간과 디지털 기록물을 검색할 때마다 발생하는 가변시간으로 구분된다. 고정시간은 컴퓨터가 구비된 장소를 방문하는데 소요되는 시간으로, 현실적으로 볼 때 기록물의 사용자는 거의 모든 경우 컴퓨터가 구비된 장소에 근무하고 있기 때문에 디지털 아카이빙을 위한 추가 시간이 소요되지 않는 것으로 가정하였다. 디지털 기록물을 검색할 때마다 발생하는 가변비용 역시 킹마의 연구결과를 토대로 '0'으로 추정하였다. 따라서 디지털 아카이빙의 접근편익은 '0'이므로 인쇄 기록물에 접근하기 위해서 소요되었던 시간 모두가 디지털 아카이빙을 도입함으로 절감되는 것으로 가정하였으며, 절감되는 시간 모두가 기관의 생산적인 활동에 투여된다고 전제하는 일반적인 경제성 이론에 따라 그 경제적 가치를 추정하였다. 본 연구의 접근편익은 <그림 4-10>과 같이 인쇄매체에 접근하는 데 소

---

33) 킹마의 접근편익 = Total Cost / Number of Hits
34) 김동석 외의 접근편익= 디지타이즈(digitize)된 도서 이용횟수 × 사회적 편익

요되는 접근시간에 1인당 평균 기회비용과 잠재 사용자 수를 곱
하여 산출하였다.

<그림 4-10> 접근편익의 산출식

(단위: 원/1년)

> 접근편익= 인쇄 기록물 이용횟수(a) × 인쇄 기록물(1건)에 접근하는 데
> 소요되는 시간(b) × 1인당 평균 기회비용(c) × 잠재 사용자 수(d)

(a)는 인쇄 기록물의 평균 이용횟수에 대한 설문지의 응답결과
에 근거한다. (부록 1, 2번 문항 참조)

(b)는 인쇄 기록물(1건)에 접근하는 데 소요되는 시간으로 설
문지의 응답결과에 근거한다. (부록 1, 3번 문항 참조)

(c)의 1인당 평균 기회비용은 각 기관 정규직원의 1인당 연평
균 급여(2002년도 기준)이다. 공공기관의 경우에는 공무원 7급10
호봉의 급여를 일괄적으로 적용한 반면, 일반기업체에는 각 기관
정규직원의 평균 급여를 적용하였다.[35] 1년 근무일은 286일이며
하루에 8시간(480분) 근무하는 것을 전제로 한다.경제성 분석 이
론에서는 일반적으로 시간당 기회비용을 시간당 임금 수준으로
보며, 이 시간이 모두 생산에 투여된다고 간주한다.

각 기관의 1인당 평균 기회비용은 <표 4-12>와 같다.

---

[35] 공공기관 인사과 담당자의 제언에 따라 정규직원의 평균직급을 7급10호봉으로
설정하였다. 직급의 연평균 급여는 총26,766천 원이다. 이는 기본급 11,424천
원(기본급)에 각종 수당 및 보조비(정근수당, 가계지원비, 명절 휴가비, 급식비,
직급보조비, 교통보조비 등)를 포함하여 산출한 것이다.

<표 4-12> 1인당평균 기회비용(2002년도 기준)

(단위: 원)

구분		연간 급여액	월 급여액	1분당 급여액
공공기관(A-F)		26,766,000	2,230,500	194.97[36]
일반 기업체	G	41,460,000	3,455,000	302.01
	H	45,420,000	3,785,000	330.86
	I	49,800,000	4,150,000	362.76

　(d)의 잠재 사용자 수는 전자문서관리시스템 내에 저장된 디지털 기록물을 생산하는 모든 부서 직원 전체의 절반만을 포함하였다. 대부분의 기록물은 생산부서에서만 접근할 수 있도록 제한이 설정되어 있기 때문에 생산부서에서 가장 많이 활용되는 것은 당연한 현상이라 하겠다.[37] 또한 기록물 생산 부서 직원의 절반만을 잠재 사용자수에 포함한 것은 소속 부서에서 생산된 기록물이라 하더라도 실제로 이를 사용하는 직원은 그 부서 직원의 약 절반정도로 보는 것이 타당하다는 담당자들의 제언에 따른 것이다. 예를 들면 건축허가서에는 생산부서인 주택과 직원의 약 절반 정도만이 접근할 필요가 있으며, 나머지는 직위나 담당 업무의 특성상 접근할 필요가 없다고 보는 것이다.

　현실적으로 디지털 아카이빙이 국내에 도입된 것은 최근이므로 현재 자료관에 디지털 아카이빙이 되어 있는 기록물은 일부분에 불과하며 시간의 경과에 따라 보다 많은 기록물이 자료관

---

36) 1분당 평균기회비용 = 연간급여 ÷ 286일(1년) ÷ 480분(1일)
37) 인사기록카드 등 전 부서 공통 해당문서는 예외가 될 수 있다.

시스템에 탑재되고 잠재 사용자 그룹도 기록물 생산부서뿐만 아니라 외부인이나 시민 등 접근 가능한 사람들에게로 확산될 수 있다.따라서 현재의 잠재 사용자 수를 연구기간 내내 동일하게 적용하는 것은 보수적인 추정이라 할 수 있다. 또한 동일한 부서 내에서도 실제로 활용하는 사용자만을 잠재 사용자 수에 포함함으로써 한 번도 기록물을 이용하지 않는 사용자와 거의 매일 활용하는 사용자를 동일하게 한 명의 사용자로 간주할 수 있는 과대평가의 위험성을 배제하였다.

(2) 로지스틱 함수

현재 각 기관 잠재 사용자 수의 상한값을 설정한 후 로지스틱 함수를 이용하여 향후 사용자 수를 추정하였다. 향후 사용자 수의 추정은 과거의 실제치(실제 사용빈도)를 근거로 하였다. 그러나 디지털 아카이빙에 대한 과거 사용빈도의 추적이 가능한 기관은 단지 기관 A와 기관 H이며, 그 외의 기관들은 디지털 아카이빙의 도입 초기단계이거나 시스템의 기능이 미흡하여 실제치 추적이 불가능하였다. 따라서 기관 A와 기관 H를 각각 로지스틱 함수의 추정을 위한 공공기관과 일반기업체의 대표기관으로 설정하였다(공공기관 A와 일반기업체 H의 사용자 추정치: <부록 3>, <부록 4> 참조). 공공기관의 향후 추정치는 기관 A의 실제치를 근거로 하였으며 <그림 4-11>에서 보는 바와 같이 매년 증가되어 7차년이 되면 거의 상한값에 이르는 것으로 나타났다.38)39)

---

38) 기관 A의 실제치: 1차년 9.8%, 2차년 38%, 3차년 66%.

<그림 4-11> 로지스틱 함수: 공공기관의 사용자 비율

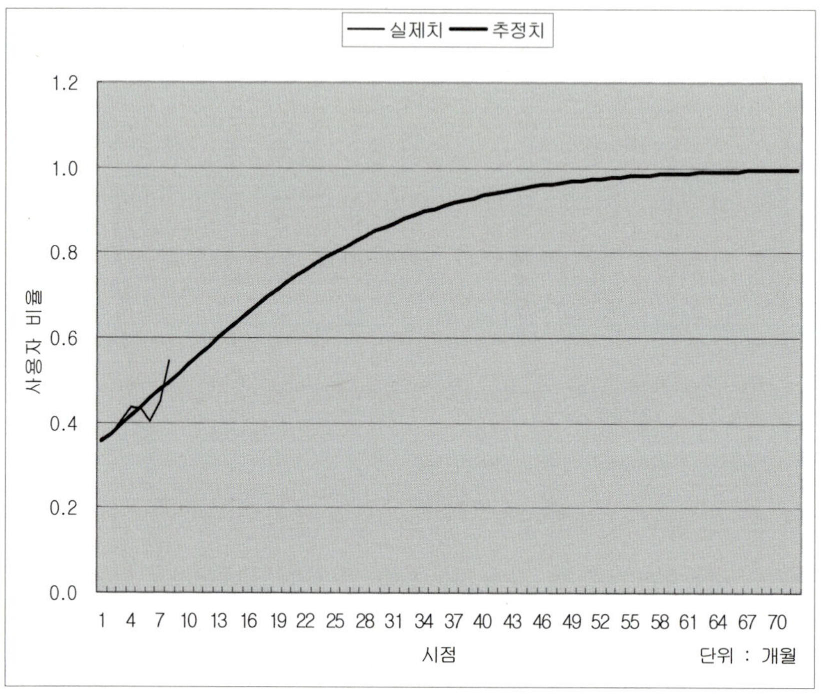

기관 H의 실제치를 근거로 한 일반기업체의 향후 사용자 추정
치는 로지스틱 함수에 의하여 <그림 4-12>와 같다.40)41) 유형별
함수를 비교해 보면, 일반 기업체의 로지스틱 함수가 공공기관에
비해 초기에는 빠른 속도로 증가하나, 상한값에 가까워질수록 속
도가 느려지는 경향을 보인다. 그러나 두 유형의 기관 모두 디지
털 아카이빙 도입 후 7-8년이 경과하면서 상한값에 매우 근접하

---

39) 공공기관의 추정치: 4차년 73%, 5차년 93%, 6차년 98.6%, 7차년 99.7%.

40) H의 실제치: 1차년 47%

41) 일반기업체의 추정치: 2차년 70%, 3차년 86.2%, 4차년 94.4%, 5차년 97.9%,
6차년 99.2% 이상.

게 되는 것으로 나타났다.

<그림 4-12> 로지스틱 함수: 일반기업체의 사용자 비율

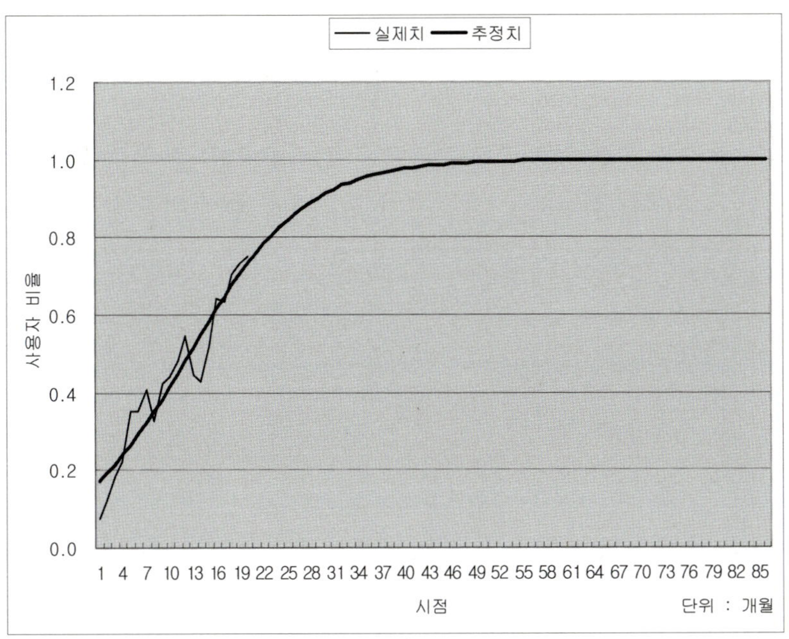

4.3.2.2 가치연결로 인한 편익

파커에 의하면, 가치연결로 인한 편익은 정보시스템을 도입할 경우, 이로부터 나오는 어떤 무형편익이 조직의 다른 활동들과 가치사슬로 연결되어 기관의 전략적 목표를 달성하는 데 긍정적인 역할을 하게 될 때 이를 시스템의 가치로 파악하여 분석하는 것이다. 전략적 목표는 기관의 유형에 따라 다르다. 공공기관의 전략적 목표는 일반적으로 효율성 및 서비스 향상인 데 반해, 일반 기업체의 전략적 목표는 수익성과 생산성이다.

안셀스테터에 의하면, 정보시스템의 도입으로 정보의 개선과 신속한 입수 및 전달 등이 이루어져 기관 내 효율적인 의사소통이 가능해지며, 이는 신속하고 정확한 정보 전달과 전망 등의 효과로 파급되어 기관의 전략적 목표를 달성하는 데 기여하게 된다. 또한 문서생산량의 감소로 인해 생산비 및 업무처리 시간이 절감되는 데, 이는 기관 내 신속한 의사결정을 할 수 있는 효과로 파급되어 궁극적으로 기관의 업무 성과에 기여하게 된다. 이러한 파급효과를 시스템으로 인한 가치연결의 효과라고 안셀스테터는 정의하고 있다.

본 연구는 안셀스테터의 모형을 근거로 디지털 아카이빙의 도입으로 인하여 발생하는 기관 내 의사소통의 향상이 디지털 아카이빙으로 인한 가치연결의 효과를 발생시키는 추진력으로 파악하였다. 따라서 의사소통의 향상 효과로 인해 나타나는 여러 항목 중 측정이 가능한 타부서 방문 빈도, 전화통화 빈도, 메시지 보내는 빈도, 회의 빈도의 감소를 본 연구의 가치연결의 효과측정을 위한 측정지표로 설정하였으며 그 산출식은 <그림 4-13>과 같다.

<그림 4-13> 가치연결로 인한 편익 산출식

가치연결로 인한 편익 = 효율적인 의사소통의 향상으로 인한 편익
 = (타 부서 방문 횟수 감소 + 전화 통화 횟수의 감소 + 메시지 전송 횟수 감소 + 회의 빈도의 감소) × 잠재 사용자 수 × 1인당 기회비용

제5장 연구 결과 분석

5.1 설문지의 회수현황

설문조사는 2003년 8월부터 11월까지 총 4개월간 디지털 아카이빙을 구축하여 활용하고 있는 것으로 파악된 국내 9개 기관을 대상으로 하였으며, 각 기관에서 70명씩의 잠재 사용자가 할당 추출되었다. 아울러 기관의 디지털 아카이빙 담당자 또는 책임자와의 심층면담을 통하여 자료관에서의 디지털 아카이빙의 도입목적, 구축방법 및 향후 사업전략 등의 구체적인 내용이 다루어졌다.

각 기관의 설문지 회수현황은 <표 5-1>과 같다. 기관의 유형별 설문지 회수현황은 광역지자체(약 66%), 일반기업체(약 33%), 그리고 시도교육청(약 16%)의 순이며, 전체 9개 기관의 설문조사 회수율은 약 38%이다. 이러한 저조한 설문지 회수율은 디지털 아카이빙을 도입한 설문대상 기관들에서 디지털 아카이빙이 아직 활발하게 이용되지 않기 때문인 것으로 분석된다. 시도 교육청의 경우에 설문지 회수율이 특히 저조하게 나타난 이유는 3개 기관 모두 디지털 아카이빙의 시범 운영 기관으로, 이를 사용하고 있는 이용자의 수가 매우 제한적이기 때문인 것으로 분석되어진다.

결과 분석에 있어서 유효한 응답을 하지 못한 경우에는 '0'으로 처리하였다. 예를 들어, 빈도를 묻는 질문에 정확한 횟수나 시간을 기입하지 않고 '수시로 이용함' 또는 '가끔씩' 등의 적절치 못한 응답을 한 경우 무효 처리 되었다.이는 디지털 아카이빙의 효과를 위하여 긍정적인 값으로 작용할 수 있음에도 불구하고 제대로 응답하지 못함으로써 실제보다 과소평가되는 결과로 나타나게 된다.

응답자의 인구통계학적 특성을 분석해 보면 <표 5-2>와 같이 성별에 따라 남자는 184명(76%), 여자는 58명(24%)으로 남자의 응답자가 여자보다 많은 것으로 나타났다.

<표 5-1> 설문지의 회수현황

구분	기관의 유형	기관	설문지 배포(건)	회수(건)	회수율(%)	평균 회수율(%)
공공기관	광역지자체	A	70	68	97	66
		B	70	47	67	
		C	70	24	34	
	시도교육청	D	70	10	14	16
		E	70	6	9	
		F	70	18	26	
민간기관	일반기업체	G	70	21	30	33
		H	70	28	40	
		I	70	20	29	
합계			630	242		38

<표 5-2> 설문 응답자의 성별

성별	인원수(명)	백분율(%)
남성	184	76
여성	58	24
합계	242	100

5.2 기관별 분석[42)

5.2.1 공공기관: 광역지자체

(1) 기관 A

기관 A의 자료관에 도입된 디지털 아카이빙은 증가하는 전자
문서를 손쉽게 공유·재활용할 수 있도록 하여 시행착오를 최소
화하고, 개인이 취득한 정보와 지식의 상호 공유를 가능하게 하
여 업무 효율성 향상과 신속한 의사 결정을 지원하기 위한 목적
으로 구축되었다.

1차 사업(2001년)은 외부용역을 통하여 수행되었으며 구축된
4,360권(872,000매)은 효율적으로 보존 공유 검색할 수 있는 전자
문서관리시스템에 입력되어 있다. 전자문서관리시스템은 개인의
노하우 등 지식관리를 위한 지식관리시스템과 시스템으로 연계

---

42) 기관별 분석에 대한 자세한 사항은 <부록 5> 참조.

되어 활용되고 있다. 대상기록물은 토지 및 임야 대장, 개인별 주민등록표, 인감카드, 생활보호대상자 카드 등 보존기간 20년 이상의 기록물이다. 2차 사업(2004년) 역시 외부용역으로 추진되고 있으며 이 사업을 통해서 구 기록물에 대한 디지털화가 마무리될 계획이다.

디지털 아카이빙 사업은 민원과 문서관리팀에서 관리하고 있으며 정부에서 지원하는 공공근로요원(비전임 전문 계약직 공무원)이 스캔, 서버등록, 색인입력 등의 업무를 수행하고 있다.

이 기관에서의 디지털 아카이빙은 <표 5-3>과 같이 순현재가치 17,177,092천 원, 편익비용비율 3.42로 경제성이 있는 것으로 나타났다. 경제성이 나타나기 시작한 해는 디지털 아카이빙을 도입한 지 3차년(순현재가치 454,656천 원, 편익비용비율 1.11)부터이다.

<표 5-3> 기관A: 분석결과

(단위: 천 원)

편익항목		2001	2002	2003	2004	2005	2006	2007	2008	2009	2010
직접편익	NPV	-2705269	-3429418	-3815215	-4560128	-4744476	-5026601	-5207955	-5379189	-5715214	-5853556
	B/C	0.06	0.08	0.11	0.11	0.13	0.14	0.15	0.16	0.17	0.18
가치가속 포함	NPV	-2581756	-2851773	-2413163	-2175963	-1379684	-725256	-20339	645745	1100313	1708447
	B/C	0.10	0.24	0.43	0.58	0.75	0.88	1.00	1.10	1.16	1.24
가치연결 포함	NPV	-2329332	-1670364	454656	2700873	5503128	8073373	1059249	12970153	15041962	17177092
	B/C	0.19	0.55	1.11	1.52	2.01	2.38	2.72	3.01	3.19	3.42

(2) 기관 B

2001년에 디지털 아카이빙의 도입과 더불어 디지타이징을 통해서 구축한 기록물, 서고 및 이관 목록의 관리를 위한 전자문서관리시스템이 개발되었다. 그 이후 시스템 보완 및 시스템 확장 사업을 추진함으로써 기록물 매체의 통합 관리체계가 구축되었으며 시군자료관이 설립되는 등 지속적으로 기록관리의 체계가 개발되어 왔다. 기록물 관련 장비로는 주전산기(열람, DB관리, 쥬크박스)가 3대, 대용량 저장장치(NAS, 쥬크박스 등)가 5대, 그리고 디지털 파일 입력, 검색 PC, 스캐너가 52대 구비되어 있다.[43]

기록물의 보존을 목적으로 디지털 아카이빙을 도입하게 되면서 1996년부터 수행하여 오던 인쇄 기록물의 마이크로필름 변환 작업은 중단되었다. 디지털 아카이빙의 대상 기록물은 보존기간 20년 이상의 구 기록물로서 현재까지 59,620권(11,924,000매)이 구축되었으며 미처리된 기록물(약 80,000권)은 2004년까지 마무리할 계획이다. 향후 경기도 지방기록물 관리기관을 설립 운영할 계획이며 보다 효율적인 정보공개의 실현을 위한 준비 중이다.

디지털 아카이빙은 <표 5-4>와 같이 순현재가치 9,444,130천 원, 편익비용비율 2.45로 경제성이 있는 것으로 나타났다. 경제성이 나타나는 것은 도입 후 6차년부터이다. (순현재가치 1,399,074천 원, 편익비용비율 1.25)

---

43) NAS(Network Attached Storage)는 네트워크 접속용 스토리지로서 Ethernet과 같은 LAN 인터페이스를 통해 네트워크에 직접 연결되는 새로운 개념의 데이터 저장장치로 기록물 이미지를 저장하여 빠른 검색이 가능하도록 돕는다.

<표 5-4> 기관 B: 분석결과

(단위: 천 원)

편익항목		2001	2002	2003	2004	2005	2006	2007	2008	2009	2010
직접편익	NPV	-2027912	-3061843	-3979728	-4585616	-4847112	-5152100	-5402232	-5638406	-6035747	-6231984
	B/C	0.01	0.01	0.02	0.02	0.02	0.02	0.02	0.03	0.03	0.03
가치가속 포함	NPV	-1957674	-2925381	-3613412	-3777688	-3216545	-2540191	-1810467	-1110825	-622593	17829
	B/C	0.04	0.06	0.11	0.19	0.35	0.51	0.67	0.80	0.90	1.00
가치연결 포함	NPV	-1851996	-2719818	-361160	-2559353	-757433	1399074	3606710	5717840	7541779	9444130
	B/C	0.10	0.12	0.24	0.45	0.84	1.25	1.64	1.97	2.20	2.45

(3) 기관 C

인쇄 기록물의 영구보존을 위하여 구축된 마이크로필름 변환 작업이 2000년부터 시 직영으로 추진되어 마이크로필름을 이미지 파일로 변환하여 메일로 전송하는 시스템이 구축되었다. 변환작업은 장비 등을 임차하여 시 직영으로 추진되어 왔다. 2001년에 자료관에 디지털 아카이빙을 도입하면서 전국 최초로 마이크로필름과 디지털 파일을 접목하는 시스템을 구축하게 되었으며 대전 중구청, 전남 여수시청과 함께 시범기관으로 선정되었다.

현행 문서고, 문서접수실 및 행정자료실을 자료관으로 통합하였으며 기타 정보공개접수창구, 전시실, 시청각자료실 등의 유관 부서도 자료관으로 일원화하였다. 디지털 아카이빙은 총무과 자료관에서 10명의 정규직이 디지털 아카이빙 사업에 관여하고 있으며, 정부에서 지원하는 공공근로요원이 임시로 스캐닝, 자료 입력 등의 작업에 투입되어 왔다.[44]

직접편익, 가치가속에 가치연결의 효과를 추가하여 경제성을 분석할 경우 <표 5-5>와 같이 기관 C의 디지털 아카이빙은 순현재가치 5,725,838천 원, 편익비용비율 2.40으로 경제성이 있는 것으로 나타났다. 경제성이 나타나는 것은 도입 후 5차년(순현재가치 954,770천 원, 편익비용비율 1.34)부터다.

---

44) 2차: 98명/1일, 3차: 40명/1일, 4차; 25명/1일 참여.

<표 5-5> 기관 C: 분석결과

(단위: 천 원)

편익항목		2001	2002	2003	2004	2005	2006	2007	2008	2009	2010
직접편익	NPV	-899787	-1261959	-1770243	-2329880	-2554012	-2809151	-3025973	-3230695	-3588340	-3756534
	B/C	0.11	0.11	0.10	0.10	0.09	0.09	0.09	0.09	0.08	0.08
가치가속 포함	NPV	-832842	-1070255	-1119824	-847861	-79903	655456	1384657	2075196	2365772	2819065
	B/C	0.17	0.25	0.43	0.67	0.97	1.21	1.00	1.59	1.60	1.69
가치연결 포함	NPV	-804943	-990177	-847893	-228121	954770	2104395	3229261	4294234	4938547	5725838
	B/C	0.20	0.30	0.57	0.91	1.34	1.68	1.97	2.21	2.26	2.40

5.2.2 공공기관: 시도교육청

(1) 기관 D

보존기간 20년 이상의 기록물을 대상으로 한 기관 D 자료관의 디지털 아카이빙은 인쇄 기록물의 보존을 목적으로 2001년에 구축되어 시범적으로 운영되고 있다. 누적된 구 기록물 중 문서류 3천권, 카드류 9천여매가 자체작업을 통해 구축되었으며 2004년까지 구 기록물에 대한 디지털 아카이빙을 완료할 예정이다.

총무과 민원실 소속의 자료관에서 6명의 정규직원이 디지털 아카이빙을 담당하고 있으며 정부에서 지원하는 공공근로요원들이 스캐닝 및 데이터 입력 작업을 수행하고 있다.

기관 D에서의 디지털 아카이빙은 <표 5-6>과 같이 도입 후 10차년이 되면서 가까스로 경제성(순현재가치 92,629천 원, 편익비용비율 1.04)을 보이기 시작하였다.

<표 5-6> 기관 D: 분석결과

(단위: 천 원)

편익항목		2001	2002	2003	2004	2005	2006	2007	2008	2009	2010
직접편익	NPV	-690851	-902504	-1115095	-1549496	-1688689	-1856129	-1997226	-2130450	-2430586	-2535042
	B/C	0.01	0.02	0.02	0.02	0.02	0.02	0.02	0.02	0.02	0.02
가치가속 포함	NPV	-673529	-868827	-1050048	-1372392	-1308426	-1233492	-1132610	-1034721	-1116145	-1013976
	B/C	0.03	0.05	0.08	0.13	0.24	0.35	0.45	0.52	0.55	0.61
가치연결 포함	NPV	-660920	-844313	-1003347	-1244114	-1032260	-780892	-503862	-237737	-159951	92629
	B/C	0.05	0.08	0.12	0.21	0.40	0.59	0.75	0.89	0.94	1.04

(2) 기관 E

디지털 아카이빙의 구축을 위한 사업계획은 1997년에 수립되었으나, 실제로 사업이 시행된 것은 자료관이 설립된 2000년부터이다. 기록물의 영구보존을 위하여 디지털 아카이빙을 도입하였으며 현재 문서류 약 3천권이 구축되어 있다. 국가기록물 관리법에 따른 중요문서의 이중 보존 및 인터넷을 통한 제 증명 발급 등의 대국민 서비스 향상을 중점 사업으로 하고 있다. 이의 일환으로 6개년 계획(2001년-2006년)이 수립되어 97년도 이전 생활기록부 및 졸업대장 원본을 스캐닝 및 인덱스 하고 있다. 현재 문서류 약 3천권과 232개 학교에 해당하는 기록부 및 원본 32,131권(3,382,700매)이 완료된 상태다. 현재 디지털 아카이빙 사업은 시범적으로 운영되고 있기 때문에 사용자의 수가 매우 제한적이다.

2000년에 전자문서관리시스템이 구축되어 문서의 통합관리가 가능하다. 기록물 관리 서버, MOD 쥬크박스, NAS 장비, DVD 쥬크박스, 스캐너, 그리고 출력장비 등의 전산장비가 구비되어 있으며, 2000년, 2002년, 2003년에 걸쳐 전산장비의 구입을 위한 비용이 투입되었다.

총무과 소속 자료관에 정규직 8명이 디지털 아카이빙을 담당하고 있으며, 정부의 지원으로 투입된 공공근로요원은 스캐닝 및 데이터 입력 작업 등을 수행하고 있다.

디지털 아카이빙의 경제성 분석 결과는 <표 5-7>에서 보는 바와 같이 순현재가치 -1,178,120, 편익비용비율 0.69로 연구기간 내내 경제성이 없는 것으로 나타났다.

<표 5-7> 기관 E: 분석결과

(단위: 천 원)

편익항목		2000	2001	2002	2003	2004	2005	2006	2007	2008	2009
직접편익	NPV	-949185	-1276824	-1702020	-2120278	-2670136	-2861097	-3040067	-3215420	-3372620	-3673916
	B/C	0.01	0.02	0.02	0.02	0.02	0.02	0.02	0.02	0.02	0.02
가치가속 포함	NPV	-936168	-1251608	-1665374	-2072916	-2602957	-2756615	-2805411	-2826617	-2831054	-2987531
	B/C	0.02	0.04	0.04	0.04	0.05	0.07	0.11	0.15	0.19	0.21
가치연결 포함	NPV	-904418	-1189848	-1575489	-1956672	-2437964	-2378613	-2107197	-1749219	-1377881	-1178120
	B/C	0.06	0.09	0.09	0.10	0.11	0.19	0.32	0.47	0.60	0.69

(3) 기관 F

2001년에 자료관이 설립되었으며 중요 행정문서의 영구 보존을 목적으로 보존기간 20년 이상의 기록물을 대상으로 디지털 아카이빙을 수행하고 있다. 현재 제한된 부서에서 시범적으로 활용되고 있다.2001년에 전자문서관리시스템이 도입되었으며, 자료관에는 서버, 광주크박스, 스캐너 등의 전산장비가 구비되어 있다.

총무과 소속 자료관이 디지털 아카이빙의 주무부서이며 정규직원 2명이 담당하고 있다. 또한 타 공공기관과 마찬가지로 정부에서 지원하는 공공근로요원이 매체변환 작업 및 데이터 입력작업을 수행하고 있다.

기관 F의 자료관에서 도입한 디지털 아카이빙은 <표 5-8>에 의하면, 순현재가치 1,762,033천 원 편익비용비율 1.99로 경제성이 있는 것으로 나타났다. 이 기관에서 디지털 아카이빙은 도입 후 5차년이 되면서 순현재가치 340,322천 원, 편익비용비율 1.25로 경제성이 나타나기 시작하였다.[45]

---

45) 직접편익에 가치가속과 가치연결을 추가할 경우의 경제성.

<표 5-8> 기관 F: 분석결과

(단위: 천 원)

편익항목		2001	2002	2003	2004	2005	2006	2007	2008	2009	2010
직접편익	NPV	-678654	-792722	-918477	-1272698	-1319974	-1419372	-1488124	-1553039	-1788678	-1832236
	B/C	0.00	0.01	0.02	0.02	0.03	0.03	0.03	0.04	0.03	0.04
가치가속 포함	NPV	-648638	-652342	-577748	-693278	-502248	-374039	-227886	-89889	-133939	3402
	B/C	0.05	0.19	0.38	0.46	0.63	0.74	0.85	0.94	0.93	1.00
가치연결 포함	NPV	-617710	-507697	-226669	-96256	340322	703052	1070640	1417716	1571078	1762033
	B/C	0.10	0.37	0.76	0.93	1.25	1.48	1.69	1.88	1.85	1.99

5.2.3 민간기관: 일반기업체

(1) 기관 G

기록물의 효율적인 활용을 목적으로 도입된 디지털 아카이빙은 1999년부터 진행되어 왔으며, 준영구 이상의 문서를 대상으로 전자문서관리시스템에 약 2,540,000매가 구축되어 있다. 한때 기록물의 영구보존을 위한 목적으로 마이크로필름화(약 20,000매)가 이루어졌으나 디지털 아카이빙이 도입되면서 중단되었다.

전자문서관리시스템이 통합정보시스템(groupware)과 연계되어 효율적인 기록물의 활용이 이루어지고 있다. 결재서류가 여러 정보 시스템과 호환이 가능해져서 문서작성 및 스캐닝 등의 비용이 대폭 감소된 것이 한 예이다. 디지털 아카이빙을 담당하고 있는 정규직원은 2명이다.

기관 G의 자료관에서 도입한 디지털 아카이빙의 경제성은 <표 5-9>에서 보는 바와 같이 도입 첫해부터 나타나기 시작하였다. 순현재가치 40,740,263천 원, 편익비용비율 18.78로 경제성이 매우 높은 것으로 나타났다.

<표 5-9> 기관 G: 분석결과

(단위: 천 원)

편익항목		1999	2000	2001	2002	2003	2004	2005	2006	2007	2008
직접편익	NPV	-568465	-645401	-719666	-787780	-850253	-872945	-833587	-799891	-768985	-740639
	B/C	0.52	0.56	0.59	0.60	0.61	0.63	0.66	0.69	0.71	0.73
가치가속 포함	NPV	888186	2632588	4615970	6614349	8516493	10320361	12035002	13605232	15045414	16366318
	B/C	2.06	3.31	4.31	5.08	5.65	6.20	6.82	7.34	7.79	8.18
가치연결 포함	NPV	2789278	7149007	12087040	17052773	21775984	26202678	30322919	34099514	37563327	4074263
	B/C	4.06	7.09	9.52	11.39	12.79	14.10	15.57	16.80	17.86	18.78

(2) 기관 H

2003년에 자료관이 구축되었으며 같은 해에 자료관 기록물의 효율적인 활용을 목적으로 디지털 아카이빙을 도입하였다. 대상 자료는 보존기간 20년 이상의 기록물 중 활용빈도를 중심으로 선별되었다. 현재 전자문서관리시스템에 구축된 기록물의 양은 약 735,144건이며, 이 중 결재문서 170,742건이 포함되어 있다. 현재 계약서, 전표 등과 같이 반드시 인쇄매체로 생산되어야 하는 문서를 제외한 모든 기록물이 디지털 매체로 생산되고 있는 추세이므로 인쇄매체 생산은 급격히 감소되고 있다. 전자문서관리시스템이 통합정보시스템과 연동되어 문서의 보다 효율적인 활용이 가능하여졌으며, 지식문서는 별도의 지식관리시스템에 보관되고 있다.

기관 H의 자료관에서 도입한 디지털 아카이빙은 <표 5-10>에 의하면 순현재가치 55,605,815천 원, 편익비용비율 13.15로 경제성이 매우 높게 나타났다. 도입한 첫해부터 순현재가치 2,235,479천 원, 편익비용비율 2.26으로 경제성이 나타나기 시작하였다.

<표 5-10> 기관 H: 분석결과

(단위: 천 원)

편익항목		2003	2004	2005	2006	2007	2008	2009	2010	2011	2012
직접편익	NPV	-1433936	-1466130	-1585384	-1699798	-1809569	-2837993	-2864164	-2961105	-3054112	-3143344
	B/C	0.19	0.25	0.28	0.31	0.33	0.26	0.28	0.29	0.30	0.31
가치가속 포함	NPV	-117729	1701008	3769133	5952668	8128168	9322271	11428430	13377281	15247041	17040920
	B/C	0.92	1.86	2.70	3.42	4.01	3.42	3.87	4.19	4.47	4.72
가치연결 포함	NPV	2235479	7483759	13604820	20046162	26455981	31768145	37825241	43564687	49071208	55605815
	B/C	2.26	4.84	7.17	9.18	10.85	9.28	10.51	11.41	12.19	13.15

(3) 기관 I

　1981년부터 기록물의 체계적인 관리가 시작되었으며 현재 문서보유량은 파악이 불가능하다.2003년에 자료관이 개관되었고 같은 해에 기록물의 효율적인 활용을 목적으로 한 디지털 아카이빙이 구축되었다. 타 기관과 차별되는 점은 구 기록물을 대상으로 하는 디지털화는 수행하지 않는다는 점이다. 따라서 디지털 매체로 생산된 기록물에 한해서 웹서비스가 이루어지고 있으며 이렇게 구축된 기록물의 양은 256GB(Giga Bytes)이다.

　기관 I에서의 디지털 아카이빙은 <표 5-11>과 같이 순현재가치가 51,911,163천 원, 편익비용비율이 9.76으로 경제성이 매우 높은 것으로 나타났다. 디지털 아카이빙을 도입한 첫해부터 순현재가치 2,072,160천 원, 편익비용비율 1.99로 경제성을 보였다.

<표 5-11> 기관 I: 분석결과

(단위: 천 원)

편익항목		2003	2004	2005	2006	2007	2008	2009	2010	2011	2012
직접편익	NPV	-1153805	-574126	-106339	342464	773053	249380	720600	1100864	1465695	1815720
	B/C	0.45	0.76	0.96	1.11	1.22	1.05	1.14	1.20	1.26	1.30
가치가속 포함	NPV	1580070	6093933	11211030	16544160	21832129	26032472	31035992	35764620	40301344	44653953
	B/C	1.76	3.54	5.02	6.23	7.19	6.42	7.13	7.65	8.09	8.47
가치연결 포함	NPV	2072160	7082239	12794568	19006864	25169148	30219801	36039123	41550445	46838099	51911163
	B/C	1.99	4.03	5.75	7.15	8.27	7.38	8.21	8.81	9.32	9.76

5.3 편익의 단계적 분석

본 연구는 디지털 아카이빙의 효과를 직접편익, 가치가속, 가치연결로 구분한 다음 이들 각각의 효과를 단계적으로 추가하여 경제성을 분석하였다. 본 연구에서의 경제성은 직접편익에 가치가속 및 가치연결을 추가하여 분석한 결과이며, 순편익, 순현재가치와 편익비용비율이 경제성 분석의 지표로 사용되었다.

5.3.1 직접편익에 의한 효과[46]

직접편익만으로 경제성을 분석하면 <표 5-14>와 같이 일반기업체, 광역지자체, 그리고 시도교육청의 순으로 나타났다. 분석대상 9개 중 유일하게 경제성을 보인 기관 I는 기록물 생산을 디지털 매체에 전적으로 의존하고 있으며 구 기록물의 보존을 대상으로 한 매체 변환 작업을 수행하고 있지 않기 때문에, 스캐닝 및 입력 작업에 투입되는 막대한 초기 비용을 절감하고 있다는 점에서 타 기관과 차별화된다. 그러나 기관 I에서 조차 직접편익만으로 분석한 경제성(순현재가치 1,815,720천 원, 편익비용비율 1.30)은 그리 높지 않은 것으로 나타났다.

디지털 아카이빙의 직접편익은 <표 5-13>과 같이 디지털 아카이빙을 도입함으로 인하여 발생하는 공간비, 시설장비비 및 복

---

46) 기관별 항목당 직접편익은 <부록 7> 참조.

사비 절감액의 총합이다. 순편익은 편익에서 투입비용을 차감한 것으로 직접편익, 가치가속, 가치연결에 공통적으로 적용되는 측정치이다. 여기에서 투입비용은 공간비, 인건비, 시설장비비, 전산장비비, 유지보수비, 관리비, 예비비의 총합이다. 기관별 디지털 아카이빙에 투입한 총 비용은 <표 5-12>에 나타나 있다.[47]

---

47) 기관별 항목당 투입비용은 <부록 6> 참조.

<표 5-12> 투입비용

(단위: 천 원)

구분	1차년	2차년	3차년	4차년	5차년	6차년	7차년	8차년	9차년	10차년
A	2866086	927763	593563	1045763	392763	536763	416763	416763	416763	416763
B	2048788	1119109	1054267	744468	349468	426868	373468	373468	649468	349468
C	1007371	439445	619457	714159	302457	360441	326457	326457	602457	302457
D	697852	233246	246646	524246	183246	231237	207246	207246	483246	183246
E	959826	368878	494878	518878	723878	272878	272878	284878	272878	548878
F	684654	126809	147058	426809	81809	141232	105809	105809	381809	81809
G	912684	285452	289852	289852	289852	236533	135452	139852	139852	139852
H	1774296	182188	278188	278188	278188	1413764	182188	278188	278188	278188
I	2085962	327958	423958	423958	423958	1576362	327958	423958	423958	423958

<표 5-13> 직접편익

(단위: 천 원)

구분	1차년	2차년	3차년	4차년	5차년	6차년	7차년	8차년	9차년	10차년
A	160817	160817	160817	160817	160817	160817	160817	160817	160817	160817
B	20976	24073	24682	24682	20455	20455	20455	20455	20455	20455
C	107584	55869	49319	49319	49319	20455	20455	20455	20455	20455
D	7001	9084	8184	8184	8114	8114	8114	8114	8114	8114
E	10641	19287	10793	10793	11175	8779	8779	8779	8779	8779
F	6000	6000	6000	6000	22326	8779	8779	8779	8779	8779
G	486932	201569	201569	201569	201569	201569	201569	201569	201569	201569
H	340360	148632	148632	148632	148632	148632	148632	148632	148632	148632
I	932157	932157	932157	932157	932157	932157	932157	932157	932157	932157

<표 5-14> 직접편익만으로 분석한 경제성

(단위: 천 원)

기관	분석도구	1차년	2차년	3차년	4차년.	5차년	6차년	7차년	8차년	9차년	10차년
A	NPV	-2705269	-3429418	-3815215	-4560128	-4744476	-5026600	-5207954	-5379187	-5715212	-5853554
A	B/C	0.06	0.84	0.11	0.11	0.13	0.14	0.15	0.16	0.17	0.18
B	NPV	-2027912	-3016843	-3979728	-4585616	-4847112	-5152100	-5402232	-5638406	-6035747	-6231984
B	B/C	0.01	0.01	0.02	0.02	0.02	0.02	0.03	0.03	0.03	0.03
C	NPV	-899787	-1261959	-1770246	-2329880	-2554012	-2809151	-3025973	-3230695	-3588340	-3756534
C	B/C	0.11	0.11	0.10	0.09	0.09	0.09	0.09	0.09	0.08	0.08
광역지자체 평균		-1877656	-2569407	-3188396	-3825208	-3886657	-4329284	-4545386	-4749429	-5113100	-5280691
광역지자체 평균		0.06	0.33	0.08	0.08	0.08	0.08	0.09	0.09	0.09	0.10
D	NPV	-690851	-902504	-1115095	-1549496	-1688689	-1856129	-1997226	-2130450	-2430586	-2535042
D	B/C	0.01	0.02	0.02	0.02	0.02	0.02	0.02	0.02	0.02	0.02
E	NPV	-949185	-1276824	-1702020	-2120278	-2670136	-2861097	-3040067	-3215420	-3372620	-3673916
E	B/C	0.01	0.02	0.02	0.02	0.02	0.02	0.02	0.02	0.02	0.02

기관	분석도구	1차년	2차년	3차년	4차년.	5차년	6차년	7차년	8차년	9차년	10차년
F	NPV	−678654	−792722	−918477	−1272698	−1319974	−1419372	−1488124	−1553039	−1788678	−1832236
	B/C	0	0.01	0.02	0.02	0.03	0.03	0.03	0.04	0.03	0.04
시도교육청 평균		−772897	−990683	−1245197	−1647491	−1892933	−2055575	−2194594	−2327912	−2567171	−2724689
		0	0.02	0.02	0.02	0.02	0.02	0.02	0.03	0.02	0.03
G	NPV	−568465	−645401	−719666	−787780	−850253	−872945	−833587	−799891	−768985	−740639
	B/C	0.52	0.56	0.59	0.60	0.61	0.63	0.69	0.70	0.71	0.73
H	NPV	−1433936	−1466130	−1585384	−1699798	−1809569	−2837993	−2864164	−2961105	−3054112	−3143344
	B/C	0.19	0.25	0.29	0.31	0.33	0.26	0.28	0.29	0.30	0.31
I	NPV	−1153805	−574126	−106339	342464	773053	249380	720600	1100864	1465695	1815720
	B/C	0.45	0.76	0.96	1.11	1.22	1.05	1.14	1.20	1.26	1.30
일반기업체 평균		−1052069	−895219	−803796	−715038	−628923	−1153853	−992384	−886711	−785801	−689421
		0.39	0.52	0.61	0.67	0.72	0.65	0.70	0.73	0.76	0.78

5.3.2 직접편익 및 가치가속에 의한 효과

직접편익에 디지털 아카이빙의 가치가속 효과를 포함하여 경제성을 분석하면 <표 5-15>와 같이 직접편익만으로 분석하였을 때보다 모든 기관에서 경제성이 향상되는 것으로 나타났다. 그러나 분석대상 9개 기관 중에서 2개 기관(기관 D와 기관 E)은 여전히 경제성이 없으며, 기관 B와 F에서는 가까스로 경제성이 있는 것으로 나타났다.

기관의 유형별로는 일반 기업체, 광역 지자체 그리고 시도 교육청의 순이며, 이는 직접편익만으로 경제성을 분석하였을 때와 일치한다. 가장 경제성이 높은 것으로 나타난 일반기업체에서는 가치가속 효과가 추가되면서 평균 순현재가치와 편익비용비율이 각각 26,020,397천 원과 7.12로 대폭 향상되어 3개 기관 모두에서 경제성이 있는 것으로 나타났다. 기관별로 살펴보면, 여전히 기관 I의 경제성이 가장 높은 것으로 나타났다. 광역지자체(3개 기관) 역시 가치가속의 효과가 포함되면서 평균 순현재가치와 편익비용비율이 각각 1,422,242천 원과 1.31로 경제성이 크게 향상되었으며, 도입 후 평균 8차년이 되면서 경제성이 나타나기 시작하였다. 그러나 시도교육청에서는 기관 F에서만 가까스로 경제성(순현재가치 3,402천 원, 편익비용비율 1.00)이 나타났으며 기관 D와 E는 가치가속의 효과를 추가하여도 여전히 경제성이 없는 것으로 나타났다.

그러나 경제성이 가장 저조하게 나타난 시도교육청에서 조차 가치가속의 효과를 추가하면서 직접편익만으로 경제성을 분석하였을 때보다 경제성이 크게 향상되는 것은 기록물의 신속한 접근을 위한 디지털 아카이빙의 도입이 합리적인 대책임을 보여주는 것이다.

<표 5-15> 직접편익 및 가치가속 효과를 포함한 경제성

(단위: 천 원)

기관	분석도구	1차년	2차년	3차년	4차년	5차년	6차년	7차년	8차년	9차년	10차년
A	NPV	-2581756	-2851773	-2413164	-2175694	-1379684	-725256	-20339	645745	1100313	1708447
A	B/C	0.10	0.24	0.44	0.58	0.75	0.88	1.00	1.10	1.16	1.24
B	NPV	-1957674	-2925381	-3613412	-3777688	-3216545	-2540191	-1810467	-1110825	-622593	17829
B	B/C	0.04	0.06	0.11	0.19	0.35	0.51	0.67	0.80	0.90	1.00
C	NPV	-832842	-1070255	-1119824	-847861	-79903	655456	1384657	2075196	2365772	2819065
C	B/C	0.17	0.25	0.43	0.67	0.97	1.21	1.41	1.59	1.60	1.69
광역지자체 평균		-1790757	-2282470	-2382133	-2267081	-1558711	-869997	-148716	536705	947831	1515114
광역지자체 평균		0.10	0.18	0.33	0.48	0.69	0.87	1.03	1.16	1.22	1.31
D	NPV	-673529	-868827	-1050048	-1372392	-1308426	-1233492	-1132610	-1034721	-1116145	-1013976
D	B/C	0.03	0.05	0.08	0.13	0.24	0.35	0.45	0.53	0.55	0.61
E	NPV	-936168	-1251608	-1665374	-2072916	-2602957	-2756615	-2805411	-2826617	-2831054	-2987531
E	B/C	0.02	0.04	0.04	0.04	0.05	0.07	0.11	0.15	0.19	0.21

기관	분석도구	1차년	2차년	3차년	4차년	5차년	6차년	7차년	8차년	9차년	10차년
F	NPV	-648638	-652342	577748	-693278	-502248	-374039	-227886	-89889	-133939	3402
	B/C	0.05	0.19	0.38	0.46	0.63	0.74	0.85	0.94	0.93	1.00
시도 교육청 평균		-752778	-924259	-712558	-1379529	-1471210	-1454715	-1388636	-1317076	-1360379	-1332702
		0.03	0.09	0.17	0.21	0.31	0.39	0.47	0.54	0.55	0.61
G	NPV	888186	2632588	4615970	6614349	8516493	10320361	12035002	13605232	15045414	16366318
	B/C	2.07	3.31	4.31	5.08	5.65	6.20	6.82	7.34	7.79	8.18
H	NPV	-117729	1701008	3769133	5952668	8128168	9322271	11428430	13377281	15247041	17040920
	B/C	0.92	1.86	2.70	3.42	4.01	3.42	3.87	4.19	4.47	4.72
I	NPV	1580070	6093933	11211030	16544160	21832129	26032472	31035992	35764620	40301344	44653953
	B/C	1.76	3.54	5.02	6.23	7.19	6.42	7.13	7.65	8.09	8.47
일반기업체 평균		783509	3475843	6532044	9703726	12825597	15225035	18166475	20915711	23531270	26020397
		1.58	2.90	4.01	4.91	5.62	5.35	5.94	6.39.	6.78	7.12

가치가속 효과는 디지털 아카이빙을 도입하면서 발생하는 접근 시간의 절감이다. 디지털 아카이빙에 접근할 경우 기존 인쇄 기록물에 접근 할 때에 비해 신속성이 증대되고 이로 인해 접근편익이 나타나게 된다. 본 연구는 디지털 매체에 접근할 때 소요되는 접근 시간을 '0'으로 가정하기 때문에, 인쇄 기록물에 접근할 때 소요되었던 시간 전체가 가치가속의 효과로 나타나게 된다.

기본적으로 문서를 이용하는 빈도가 높을수록, 기존 문서를 찾는 데 소요한 시간이 길수록, 잠재 이용자 수가 많을수록, 그리고 기회비용이 큰 기관일수록 가치가속의 효과에 긍정적인 영향을 주게 된다. 가치가속 효과만을 보면 <표 5-16>과 같이 일반기업체, 광역지자체, 그리고 시도교육청의 순으로 나타났다. 인쇄 기록물의 평균 접근 횟수는 일반기업체(556건)가 가장 많고, 그 다음이 시도교육청(224건), 광역지자체(147건)의 순이다. 기존 인쇄문서에 접근하는 데 소요한 시간은 광역지자체(24분)가 가장 많고 그 다음으로 시도교육청(20분), 일반기업체(14분)의 순이다. 잠재 이용자수는 광역지자체(2164명), 일반기업체(1481명), 그리고 시도교육청(352명)의 순이다. 1인당 기회비용은 일반기업체가 평균 332원이며, 광역지자체와 시도교육청은 194.97원이다.

<표 5-16> 가치가속 효과

(1인당, 연평균)

기관유형	기관명	인쇄기록물 접근(건)	소요시간 (분)	문서접근에 소요된 시간(분)	기회비용(원)	잠재 이용자수(명)	가치가속효과 (천 원)
광역 지자체	A	156	16	2496	194.97	2500	1,216,613
	B	177	14	2478	194.97	2500	1,207,839
	C	109	42	4578	194.97	1492	1,331,718
총 평 균		147	24	3528	194.97	2164	1,252,057
시도 교육청	D	221	24	5304	194.97	335	346,430
	E	191	17	3247	194.97	420	265,888
	F	261	19	4959	194.97	300	290,057
총 평 균		224	20	4480	194.97	352	300,792
일반 기업체	G	568	15	8520	302	1068	2,748,007
	H	419	12	5028	330.86	1675	2,786,470
	I	682	16	10912	362.76	1700	6,729,343
총 평 균		556	14	8153	332	1,481	3,251,999

주: 가치가속의 효과 산출식 = 인쇄기록물 접근 × 소요시간 × 1인당 기회비용 × 잠재 사용자 수

5.3.3 직접편익, 가치가속 및 가치연결에 의한 효과

직접편익과 가치가속에 가치연결의 효과를 추가하여 경제성을 분석하면, 모든 기관에서 경제성이 크게 향상되는 것으로 나타났다. 기관의 유형별로 비교해 보면, 일반기업체, 광역지자체, 시도교육청의 순이다. 일반 기업체는 디지털 아카이빙의 도입 첫해부터, 광역지자체는 평균 5차년, 시도교육청은 평균 8차년이 되면

서 경제성이 있는 것으로 나타났다.

일반기업체는 <표 5-17>에서 나타난 것처럼 기관 G, H, 그리고 I의 순으로 경제성이 나타났다. 가치연결의 효과를 추가할 때 경제성 향상의 폭이 가장 저조한 기관은 기관 I이다. 이는 구 기록물이 그대로 인쇄매체로 보존되어 있으므로 이들을 이용하는 데 나타나는 불편함 때문인 것으로 분석된다.

<표 5-18>에 의하면, 광역지자체의 경제성(평균 순현재가치 10,782,353천 원, 평균 편익비용비율 1.96)은 일반기업체보다는 저조하나 시도교육청보다 높은 것으로 나타났다. 광역지자체 내에서 기관 A의 경제성(순현재가치 17,177,092천 원, 편익비용비율 3.42)이 가장 높게 나타난 반면, 기관 C의 경제성(순현재가치 5,725,838천 원, 편익비용비율 1.96)은 가장 저조한 것으로 나타났다.

<표 5-17> 일반기업체의 경제성

(단위: 천 원)

기관	분석도구	1차년	2차년	3차년	4차년	5차년	6차년	7차년	8차년	9차년	10차년
G	NPV	2789278	7149007	12087040	17052773	21775984	26202678	30322919	34099514	37563327	40740263
	B/C	4.06	7.09	9.52	11.39	12.79	14.10	15.60	16.80	17.86	18.78
H	NPV	3315479	8563759	14684821	21126164	27535982	33726077	39783173	45522619	51029139	57563746
	B/C	2.26	4.84	7.17	9.18	10.85	9.28	10.51	11.41	12.19	13.15
I	NPV	2072160	7082239	12794568	19006864	25169148	30219801	36039123	41550445	46838099	51911163
	B/C	1.99	4.04	5.75	7.15	8.27	7.38	8.21	8.81	9.32	9.76
평균	NPV	2725639	22795005	13188810	19061934	24827038	30049519	35381738	40390859	45143522	50071724
	B/C	2.77	5.32	7.48	9.24	10.64	10.25	11.44	12.34	13.12	13.90

<표 5-18> 광역지자체의 경제성

(단위: 천 원)

기관	분석도구	1차년	2차년	3차년	4차년	5차년	6차년	7차년	8차년	9차년	10차년
A	NPV	−2329322	−1670364	454656	2700873	5503128	8073373	10591249	12970153	15041962	17177092
A	B/C	0.19	0.55	1.11	1.52	2.01	2.38	2.72	3.01	3.19	3.42
B	NPV	−1851996	−2719818	−3061160	−2559353	−757433	1399074	3606710	5717840	7541779	9444130
B	B/C	0.10	0.12	0.24	0.45	0.84	1.25	1.63	1.97	2.20	2.45
C	NPV	−804943	−990177	−847893	−228121	954770	2104395	3229261	4294234	4938547	5725838
C	B/C	0.20	0.30	0.57	0.91	1.34	1.51	1.74	1.91	1.88	1.96
평균	NPV	−1662087	−1793453	−1151466	−28867	1900155	3858947	5434118	7660742	9174096	10782353
평균	B/C	0.16	0.32	0.64	0.96	1.40	1.71	2.03	2.30	2.42	2.61

시도교육청의 경제성(순현재가치 161,762천 원, 편익비용비율 1.21)은 <표 5-19>에 의하면 타 유형의 기관보다 경제성이 저조한 것으로 나타났다. 기관 F의 경제성(순현재가치 1,756,034천 원, 편익비용비율 1.89)이 가장 높은 반면 기관 E의 경제성(순현재가치 -1,178,120천 원, 편익비용비율 0.69)은 가장 저조한 것으로 나타났다.

가치연결 효과는 디지털 아카이빙을 도입함으로 인하여 발생하는 기관 내 효율적인 의사소통의 향상 정도로 추정된다. 가치연결 효과만으로 측정하면 <표 5-20>에서 보는 바와 같이 광역지자체, 일반기업체, 그리고 시도교육청의 순으로 나타났다. 디지털 아카이빙의 도입으로 인한 가치연결의 항목 중에는 타 부서 방문 횟수가 감소됨으로 인한 효과가 다른 항목에 비해 월등히 크게 경제성에 영향을 주는 것으로 나타났다.

<표 5-19> 시도교육청의 경제성

(단위: 천 원)

기관	분석도구	1차년	2차년	3차년	4차년	5차년	6차년	7차년	8차년	9차년	10차년
D	NPV	-660920	-844313	-1003347	-1244114	-1032260	-780892	-503862	-237737	-159951	-92629
	B/C	0.05	0.08	0.12	0.21	0.40	0.59	0.75	0.89	0.94	1.04
E	NPV	-904418	-1189848	-1575489	-1956672	-2437964	-2378613	-2107197	-1749219	-1377881	-1178120
	B/C	0.06	0.09	0.10	0.10	0.11	0.19	0.32	0.47	0.60	0.69
F	NPV	-623710	-516697	-232668	-102255	334323	697053	1064641	1411717	1565079	1756034
	B/C	0.10	0.37	0.76	0.93	1.25	1.48	1.69	1.88	1.85	1.89
평균	NPV	-729683	-850286	-937168	-1101014	-1045300	-820817	-515473	-191746	9082	161762
	B/C	0.07	0.18	0.33	0.41	0.59	0.75	0.92	1.08	1.13	1.21

<표 5-20> 가치연결 효과

(1인당, 1년)

기관 유형	기관	타부서방문 횟수 감소 (분)	전화통화 횟수감소 (분)	메시지전송 횟수 감소 (분)	미팅 횟수 감소 (분)	합계 (분)	기회비용 (원)	이용자수 (명)	가치연결효과 (천 원)
광역 지자체	A	1,891	1,115	639	1,608	5,253	194.97	2,500	2,560,444
	B	1,421	831	841	1,245	4,338	194.97	2,500	2,114,450
	C	1,003	261	153	508	1,925	194.97	1,492	559,973
총 평 균		1,438	736	544	1,120	3,838	194.97	2164	1,744,956
시 도 교육청	D	1,761	988	572	585	3,906	194.97	335	255,120
	E	3,960	1,660	238	1,963	7,821	194.97	420	640,441
	F	2,355	1,330	567	1,106	5,358	194.97	300	313,395
총 평 균		2,692	1,326	459	1,218	5,695	194.97	352	402,985
일반 기업체	G	5,767	2,629	1,843	2,391	12,630	302	1,068	4,073,630
	H	3,016	2,069	1,559	2,571	9,215	330.86	1,675	5,106,865
	I	624	394	842	78	1,938	362.76	1,700	1,195,149
총평균		3,136	1,697	1,415	1,680	7,928	331.87	1481	3,458,548

5.4 민감도 분석

5.4.1 할인율 변화에 따른 민감도 분석

본 연구에서는 국고채 수익률을 할인율로 가정하였다. 민감도 분석에서는 이를 중위수준으로 놓고 고위수준은 7.5% 사회적 할인율을, 저위수준은 기준년도의 물가상승률을 적용하여 경제성이 어떻게 변화하는 지 살펴보았다. 사회적 할인율 7.5%는 한국개발연구원(2000년도)의 예비타당성조사 연구보고서에서 제안한 수치로 모든 공공투자 부문에 공통적으로 적용되어 오고 있다. 저위수준인 물가상승률은 디지털 아카이빙이 도입된 기준년도의 수치를 연구기간 동안 일정하게 적용하였다.

<표 5-21>에 의하면 고위수준인 사회적 할인율을 적용하게 되면 편익비용비율이 평균 2.7% 감소한 반면, 저위수준인 물가상승률을 적용하게 되면 평균 6.8% 증가하는 것으로 나타났다. 기관 G에서 사회적 할인율을 적용하였을 때 다른 8개 기관과 달리 편익비용비율이 증가한 이유는, 이 기관이 디지털 아카이빙을 도입한 년도(1999년)에 국고채 수익률(9.03%)이 사회적 할인율(7.5%)보다 일시적으로 높았기 때문이다. 할인율에 따라 경제성 내역이 가장 크게 변화된 기관은 기관 E와 G로 이들의 변화 내역은 각각 -1.5%-15.2% 그리고 3.6%-17.1%이다. 기관 D에서 디지털 아카이빙은 경제성이 있는 사업이었으나 고위수준인 사회적 할인율을 적용하게 되면 경제성이 존재하지 않는 것으로 나타났다. 그러나 그 외의 기관에서는 할인율에 따른 경제성 변

화 내역이 그리 크지 않은 것으로 나타났다.

<표 5-21> 할인율 변화에 따른 민감도 분석

(단위: 천 원)

구분		물가상승률	증감(%)	국고채 수익률	사회적 할인율	증감(%)
편익 비용 비율 (B/C)	기관A	(4.1%) 3.57	+4.4[48]	(5.91%) 3.42	(7.5%) 3.28	-4.1[49]
	기관B	(4.1%) 2.6	+6.1	(5.91%) 2.45	(7.5%) 2.35	-4.1
	기관C	(4.1%) 2.6	+8.3	(5.91%) 2.40	(7.5%) 2.35	-2.1
	기관D	(4.1%) 1.08	+3.8	(5.91%) 1.04	(7.5%) 0.99	-4.8
	기관E	(2.3%) 0.76	+15.2	(6.70%) 0.66	(7.5%) 0.65	-1.5
	기관F	(4.1%) 2.07	+4.0	(5.91%) 1.99	(7.5%) 1.93	-3.0
	기관G	(0.8%) 21.99	+17.1	(9.03%) 18.78	(7.5%) 19.45	+3.6[50]
	기관H	(3.8%) 13.33	+1.4	(4.23%) 13.15	(7.5%) 12.57	-4.4
	기관I	(3.8%) 9.82	+0.6	(4.23%) 9.76	(7.5%) 9.35	-4.2
	평 균		+6.8			-2.7

---

48) 산출식 = (비교년도-기준년도)/기준년도 × 100 = (3.57-3.42)/3.42 × 100 = +4.4

49) 산출식 = (비교년도-기준년도)/기준년도 × 100 = (3.28-3.42)/3.42 × 100 = -4.1

5.4.2 공사비 변화에 따른 민감도 분석

공사비는 자료관의 신축공사비를 추정하여 적용하였으나 실제로 대부분의 기관들은 기존 공간의 재배치만으로 자료관을 설립하고 있는 실정이다. 경제성 분석에 적용된 신축공사비와 재배치에 투입된 비용 간에 추정 오차를 파악하기 위하여 민감도 분석을 실시하였다. 한편 기존 공간을 재배치하였을 경우에 투입되는 비용은 매우 미미한 수준이기 때문에 '0'으로 가정하였다.

공사비의 변동에 따른 민감도 분석의 결과는 <표 5-22>와 같다. 재배치만으로 자료관을 설립할 경우에 모든 기관의 순현재가치와 편익비용비율은 신축공사비를 적용하였을 때보다 평균 26.3% 향상되는 것으로 나타났다. 공사비의 변동에 따라 가장 경제성의 변화내역이 큰 기관은 기관 A, H, F의 순이다. 즉 재배치 비용을 경제성 분석에 적용하게 되면 신축공사비를 적용하였을 때보다 편익비용비율이 각각 43.9%, 37.6%, 그리고 35.2% 향상되는 것으로 나타났다. 9개의 기관 중에서 가장 증가폭이 적은 기관은 기관 C로 편익비용비율은 17.1% 증가하였다. 공사비는 공간면적, 표준시가에 의하여 영향을 받는다. 이렇게 경제성 분석에 사용된 공사비(신축 공사비)가 매우 보수적으로 추정되었을 가능성이 높음을 감안하면, 디지털 아카이빙 실제의 경제성은 더욱 높을 것으로 분석된다.

---

50) 기준년도(1999년)의 사회적 할인율(7.5%)이 국고채 수익률(9.03%)보다 낮았기 때문에 비율의 증가를 가져옴.

<표 5-22> 공사비 변화에 따른 민감도 분석

(단위: 천 원)

구분		재배치	신축공사(기준)	증감(%)
편익 비용 비율 (B/C)	기관A	4.92	3.42	+43.9[51]
	기관B	2.91	2.45	+18.8
	기관C	2.81	2.40	+17.1
	기관D	1.22	1.04	+17.3
	기관E	0.78	0.66	+18.2
	기관F	2.69	1.99	+35.2
	기관G	24.37	18.78	+29.8
	기관H	18.09	13.15	+37.6
	기관I	11.63	9.76	+19.2
	평 균	7.71	5.96	+26.3

5.5 경제성에 영향을 미치는 요인의 비교 분석

5.5.1 기관의 유형별: 광역지자체 對 시도교육청 對 일반기업체

기관의 유형에 따라 나타나는 경제성 규모의 차이가 유의한 지를 검증하기 위해 비모수적 방법인 크루스컬 월리스 검증방법

---

51) 산출식: (비교년도－기준년도) / 기준년도 × 100 ＝ (4.92-3.42) / 3.42 × 100 ＝ 43.9

을 실시하였다.[52] <표 5-23>에 의하면 기관의 유형에 따른 경제성은 일반기업체, 광역지자체, 시도교육청의 순이며, 통계적으로 유의한 차이(p=.0273)가 있는 것으로 나타났다. 이 결과는 가설 1(기관의 유형은 디지털 아카이빙의 경제성에 영향을 미칠 것이다)을 뒷받침하는 근거가 된다.

<표 5-23> 기관의 유형에 따른 경제성의 비교 분석

(A) 순현재가치(NPV)

Wilcoxon Scores(Rank Sums) for Variable NPV Classified by Variable 'Type'					
Type1	N	Sum of Scores	Expected under H0	Std Dev under H0	Mean Score
1	3	15.0	15.0	3.8730	5.0
2	3	6.0	15.0	3.8730	2.0
3	3	24.0	15.0	3.8730	8.0
Kruskal-Wallis Test					
Chi-Square		DF		Pr > Chi-Square	
7.2000		2		0.0273[*]	

[1] 1은 광역지자체, 2는 시도교육청, 3은 일반기업체
[*] 5% 수준에서 유의함

---

52) 분석의 대상이 되는 기관의 수가 9개에 불과하여 모수적 방법의 정규분포 가정을 충족할 수 없으므로 비모수적 방법을 사용한다.

(B) 편익비용비율(B/C)

Wilcoxon Scores(Rank Sums) for Variable BC Classified by Variable 'Type'					
Type1	N	Sum of Scores	Expected under H0	Std Dev under H0	Mean Score
1	3	15.0	15.0	3.8730	5.0
2	3	6.0	15.0	3.8730	2.0
3	3	24.0	15.0	3.8730	8.0
Kruskal-Wallis Test					
Chi-Square		DF		Pr > Chi-Square	
7.2000		2		0.0273[*]	

[1] 1은 광역지자체, 2는 시도교육청, 3은 일반기업체
[*] 5% 수준에서 유의함

이러한 경제성의 차이는 디지털 아카이빙의 도입에 투입된 비용을 편익으로 전환하는 과정에서 기관의 유형에 따른 경영의 질적·전략적 차이가 존재하기 때문인 것으로 판단된다. 예를 들면, 일반기업체는 수익성에 대한 경영목표가 광역지자체나 교육청보다 중요하기 때문에 디지털 아카이빙 도입으로 인한 경제성이 높게 나타난 것으로 보인다. 공공기관 중에서도 광역지자체와 시도교육청의 차이가 존재하는 것은 광역지자체의 디지털 아카이빙 사용자 수가 시도교육청보다 많기 때문인 것으로 분석된다.

5.5.2 도입 목적별: 활용 對 보존

　기록물의 활용을 도입목적으로 하는 4개 기관의 평균 순현재가치와 편익비용비율은 각각 41,358,583천 원과 11.278이며, 기록물의 보존을 도입목적으로 하는 5개 기관의 평균 순현재가치와 편익비용비율은 각각 2,917,333천 원과 1.768로 산출되었다.

　두 그룹에서 나타나는 경제성의 차이가 유의한 지에 대한 통계적 검증을 위해 윌콕슨 검증방법을 실시한 결과 <표 5-24>에 나타난 바와 같이 통계적으로 유의한 차이(p=.0200)가 있는 것으로 나타났다. 이 결과는 가설 2(도입 목적은 디지털 아카이빙의 경제성에 영향을 미칠 것이다)를 뒷받침 한다.

<표 5-24> 도입목적에 따른 경제성에 대한 두 그룹 간 차이

(A) 순현재가치(NPV)의 차이

Wilcoxon Scores(Rank Sums) for Variable NPV Classified by Variable 'Goal'					
Goal1	N	Sum of Scores	Expected under H0	Std Dev under H0	Mean Score
1	4	30.0	20.0	4.0825	7.50
2	5	15.0	25.0	4.0825	3.00
Wilcoxon Two-Sample Test					
Statistic		Normal Approximation: Z		Pr > |Z|	
30.0000		2.3270		0.0200[*]	

[1] 1은 활용, 2는 보존
[*] 5% 수준에서 유의함

(B) 편익비용비율(B/C)의 차이

Wilcoxon Scores(Rank Sums) for Variable BC Classified by Variable 'Goal'					
Goal1	N	Sum of Scores	Expected under H0	Std Dev under H0	Mean Score
1	4	30.0	20.0	4.0825	7.50
2	5	15.0	25.0	4.0825	3.00
Wilcoxon Two-Sample Test					
Statistic		Normal Approximation: Z		Pr > |Z|	
30.0000		2.3270		0.0200[*]	

[1] 1은 외부용역, 2는 자체작업
[*] 5% 수준에서 유의함

이 결과는 <표 5-25>에 기술된 디지털 아카이빙의 도입목적
에 따른 각 기관의 운영방침과 실행전략의 차별화에 기인한 것
으로 해석된다. 활용을 우선으로 디지털 아카이빙을 도입한 기관
들은 디지털 아카이빙의 사용을 활성화시키기 위한 전략을 통하
여 무형의 가치를 크게 발생시키고 있다.

<표 5-25> 디지털 아카이빙의 도입목적

	기관의 유형	기관	기대 효과	세부 효과
공공 기관	광역지 자체	A	활용성	*실시간 조회 가능 *기록물에 신속한 접근으로 인한 효율성 증가
		B	보존성	*궁극적 목표는 기록물의 손쉬운 검색과 컴퓨터를 통한 기록물의 공유이나, 초기 도입은 기록물의 장기보존을 위한 것이었음
		C	보존성 활용성	*서고공간의 축소 *업무 처리시간 단축
	시도 교육청	D	보존성	*기록물의 이중 보존을 위해서 매체 전환함 *누적된 자료에 대한 디지털 아카이빙이므로 활발한 활용은 기대 할 수 없음 *2004년부터는 전자결재에서 생산된 문서를 이관 받아 활용할 계획이므로 활용빈도가 높아질 것으로 예상함
		E	보존성	*문서의 체계적 분류가능, 평가단계를 거쳐 대상 기록물을 선정함으로써 기록물의 체계적 보존 가능 *중요문서의 이중 보존 가능 *궁극적으로는 기록물에 신속한 접근과, 효율적 의사소통으로 기관에 효율성 향상을 기대하나, 현재는 보존차원에서 추진하고 있음 *디지털 아카이빙의 활용을 위해서는 기술적 뒷받침과 검증 시스템이 필요하며, 기록물의 중요성에 대한 이용자의 마인드 형성이 중요
		F	보존성	*현재 보존의 차원에서 사업진행 *자료관시스템을 업그레이드하여 다른 시스템과의 연계가 가능해지는 2005년부터 활발한 활용 기대

	기관의 유형	기 관	기대 효과	세부 효과
사기업	일반기 업체	G	활용성	*유형의 편익이 비교적 적은 이유는 디지털 아카이빙이 도입된 후에도 모든 문서를 출력하여 보려는 오래된 습관 때문에 유형의 편익을 기대하기 어려움 *효율성 및 신속성이 디지털 아카이빙의 목적임
		H	활용성	*실시간 조회가능 *보존문서 관리 및 현황파악이 용이 *디지털 문서가 급진적으로 늘어남으로 향후에는 이에 대한 디지털 아카이빙이 더 시급할 것으로 보임
		I	활용성	*인쇄문서의 디지털 매체변환 작업은 수행하지 않으며, 단지 디지털 문서로 생산된 문서의 디지털 아카이빙만 실시하고 있음 *기록물의 활용이 도입의 가장 주요한 목적

5.5.3 구축 방법별: 외부용역 對 자체작업

외부용역을 통해 구축한 4개 기관의 평균 순현재가치와 편익비용비율은 각각 41,358,583천 원과 6.58이며, 자체 구축한 5개 기관의 순현재가치와 편익비용비율은 각각 2,917,333천 원과 1.768로 계산되었다. 두 그룹 사이에 나타나는 경제성 차이가 유의한 지 검증하기 위해 윌콕슨 검증을 실시하였다.

<표 5-26>에 의하면, 두 그룹의 순현재가치와 편익비용비율은 통계적으로 유의한 차이($p = .0200$)가 존재하는 것으로 나타났다.[53] 이는 가설 3(구축 방법은 디지털 아카이빙의 경제성에 영

향을 미칠 것이다)을 뒷받침 해주는 증거가 된다.

<표 5-26> 구축 방법에 따른 경제성에 대한 두 그룹 간 차이

(A) 순현재가치(NPV)의 차이

Wilcoxon Scores(Rank Sums) for Variable NPV Classified by Variable 'Method'					
Method1	N	Sum of Scores	Expected under H0	Std Dev under H0	Mean Score
1	4	30.0	20.0	4.0825	7.50
2	5	15.0	25.0	4.0825	3.00
Wilcoxon Two-Sample Test					
Statistic		Normal Approximation: Z		Pr > |Z|	
30.0000		2.3270		0.0200[*]	

[1] 1은 외부용역, 2는 자체작업
[*] 5% 수준에서 유의함

---

53) 도입 목적에 따라 분류된 2개 그룹과 구축방법에 따라 분류된 2개 그룹이 우연히 일치하기 때문에 <표 4-24>와 <표 4-26>에 나타난 테스트 결과는 일치함.

(B) 편익비용비율(B/C)의 차이

Wilcoxon Scores(Rank Sums) for Variable BC Classified by Variable 'Method'					
Method1	N	Sum of Scores	Expected under H0	Std Dev under H0	Mean Score
1	4	30.0	20.0	4.0825	7.50
2	5	15.0	25.0	4.0825	3.00
Wilcoxon Two-Sample Test					
Statistic		Normal Approximation: Z		Pr > |Z|	
30.0000		2.3270		0.0200[*]	

[1] 1은 외부용역, 2는 자체작업
[*] 5% 수준에서 유의함

이러한 결과는 국내에 디지털 아카이빙에 대한 전문가가 거의 없으며, 구축사례가 없기 때문에 구축 경험이 있는 외부의 전문기관 용역을 통해 구축하는 것이 효율적임을 입증해 주는 것으로서, 도입 초기에 있어서는 당연한 현상으로 분석되어진다.

5.6 분석 결과 종합

본 연구에서 나타난 분석 결과를 요약하여 종합하면 다음과 같다.

첫째, 9개 분석대상 기관 중 8개의 기관에서 경제성이 있는 것으로 나타났다. 직접편익만을 그 가치로 평가하여 디지털 아카이빙의 경제성을 분석하면 경제성이 나타나지 않았으며, 이는 디지털 아카이빙에 초기 투자비용이 많이 투입되었기 때문인 것으로 분석되어 진다. 초기 투자비용에는 인쇄 기록물의 디지털화 작업(스캐닝 작업, 데이터 입력 및 시스템 도입 등)과 시스템 및 이에 대한 유지관리비용이 큰 몫을 차지하고 있다. 초기에 공공기관들이 각기 기관 단위로 구축한 개별 시스템이 기록관리시스템으로서의 그 기능을 공인받지 못함으로 인하여 생애주기(life cycle) 이전에 발생하는 재투자와 디지털 자료의 장기보존 및 원격접근 환경을 계속 유지 강화하기 위한 관리비용이 크게 발생하는 것으로 나타났다.

둘째, 직접편익에 가치가속, 가치연결의 효과를 단계적으로 추가하게 되면 경제성은 큰 폭으로 증가하는 것으로 나타났다. 이는 디지털 아카이빙의 가치를 유형편익만으로 평가한 기존의 연구들이 디지털 아카이빙의 가치를 얼마나 과소평가하여 왔는가를 입증하는 결과라고 할 수 있다.

셋째, 할인율과 공사비의 변화에 따른 민감도 분석 결과, 할인율의 경우는 평균 -2.7%~6.8%, 공사비는 추정 기준에 따라서 평균 26.3%의 경제성 변화 내역을 보이는 것으로 나타났다. 민감도 분석 결과에 따르면, 할인율의 선정은 경제성 분석에 크게 영향을 주지 않은 것으로 나타난 반면 공사비 추정 기준의 설정은 디지털 아카이빙의 경제성에 크게 영향을 미치는 것으로 나타났다. 본 연구에서 사용한 공사비가 신축 공사비로서 매우 보수적인 수준임을 감안하면 디지털 아카이빙의 실제 경제성은 더욱 높을 것으로 분석된다.

넷째, 디지털 아카이빙의 경제성은 기관의 유형, 도입목적 그리고 구축 방법 등에 따라 유의한 차이가 존재하는 것으로 나타났다. 기관의 유형에 따른 경영의 질적·전략적 차이로 일반기업체에서의 디지털 아카이빙은 공공기관에서 보다 경제성이 있는 것으로 분석된다. 일반기업체에서 공공기관보다 경제성이 크게 나타난 것은 기록물의 활용을 목적으로 디지털 아카이빙을 도입하였으며 기록물의 생산을 디지털 매체에 의존하고 있는 것이 주요 요인인 것으로 분석되어진다. 또한 초기 도입 시 구축경험이 있는 외부의 전문기관에게 용역을 주어 디지털 아카이빙을 구축한 기관이 자체적으로 구축한 기관들에 비하여 경제성이 높은 것으로 나타났다. 요인 비교 분석 결과는 기관들이 디지털 아카이빙의 도입여부를 결정할 때 고려하여야 하는 주요 요인들을 파악할 수 있게 하고, 이미 디지털 아카이빙을 도입한 기관들에서는 이의 경제성을 높이기 위한 정책수립의 근거자료로 사용이 가능하다.

다섯째, 디지털 아카이빙과 인쇄 기록물을 모두 이용할 수 있는 경우 이용자들은 전자를 후자에 비해 2.3배 정도 자주 이용하는 것으로 나타났으며, 이는 디지털 아카이빙이 인쇄 기록물에 비해 편리하기 때문인 것으로 분석되어진다. 또한 기록관리를 실시하기 전에 문서관리에 소요한 시간은 전체 업무 시간의 17.6% 정도를 차지하는 것으로 나타나 체계적인 기록관리가 기관의 경제성을 향상시키는 데 중요한 영향을 미치고 있는 것으로 분석되어진다.

제6장 결론 및 시사점

6.1 결 론

　디지털 아카이빙은 선진국에 있어서 기록관리의 체계화된 제도를 통하여 오랜 기간을 거쳐 학문으로 정착되어 온 전문화된 분야이나, 국내의 경우 디지털 아카이빙이 도입되기 시작한 것은 비교적 최근의 일이다. 오랜 기간을 통해 기록관리가 체계화되면서 자연스럽게 그 유용성을 인지한 선진국과는 달리, 국내에서는 대규모의 초기 투자비용 때문에 디지털 아카이빙 도입에 대한 타당성의 입증이 요구되고 있다.

　이와 관련된 기존의 연구에서는 기록관리의 유형적 편익만이 측정됨으로써 그 유용성이 과소평가 되어 왔는데, 이는 무형의 편익을 정량적으로 평가할 수 있는 방법이 개발되지 않았기 때문이다. 그러므로 무형의 편익을 정량화할 수 있는 합리적인 모형이 개발되고, 이를 통한 경제성 평가가 이루어질 경우 국내의 디지털 아카이빙 도입에 따른 시행착오를 줄일 수 있을 것이다.

　본 연구는 디지털 아카이빙에 의해 파생되는 부가가치를 파커의 정보경제학 방법론을 토대로 직접편익, 가치가속, 그리고 가치연결의 효과로 분류하여 분석하는 경제성 분석 모형을 도출하였다. 이 모형은 포터의 가치사슬 개념을 적용한 경제성 분석의 틀로서 경제성 분석을 위해 현재 디지털 아카이빙을 구축·활용하고 있는 국내 9개 기관에 적용되었다.

사례분석 결과 자료관에서의 디지털 아카이빙의 도입은 기관의 유형에 관계없이 경제성이 있는 사업이며, 특히 유형의 편익보다 무형의 편익이 큰 사업임이 입증되었다. 따라서 기관의 의사 결정자들은 디지털 아카이빙 도입 여부를 판단하는 데 있어서 가시적인 편익뿐만 아니라 업무의 효율성, 의사결정 능력의 향상 등 디지털 아카이빙으로 인하여 발생하는 무형의 편익을 고려하여 도입 여부를 결정하여야 할 것이다.

요인 비교 분석 결과, 활용을 목적으로 자료관에 디지털 아카이빙을 도입한 기관은 보존을 목적으로 도입한 기관에 비해 디지털 아카이빙으로 인한 경제성이 높은 것으로 나타났다. 따라서 디지털 아카이빙은 기록물 자체의 보존만을 위한 소극적인 목적이 아닌 자료관에 보유된 기록물의 체계적인 관리 및 활용을 위한 적극적인 목적으로 도입된다면 보다 높은 경제성을 기대할 수 있으며 기관의 전략적 목표를 달성하는 데 긍정적인 역할을 하게 될 것이다. 도입 목적 외에 기관의 유형과 구축 방법의 차이에 따른 디지털 아카이빙의 경제성에 미치는 영향의 파악을 통해 디지털 아카이빙의 도입 여부에 대한 판단과 경제성을 극대화하기 위한 전략을 제시하는 근거가 되었다.

본 연구의 이론적 토대가 되는 파커의 정보경제학 방법론은 정보시스템의 경제성을 직접편익, 가치가속, 가치연결, 가치 재구성, 그리고 혁신으로 인한 가치로 분류하여 분석하고 있다. 그러나 가치 재구성과 혁신으로 인한 효과는 측정의 임의성이 크기 때문에 연구자의 주관에 의해 과대평가될 수 있는 분석상의 오류가 존재할 수 있음이 지적된 바 있다.따라서 본 연구에서의 경제성 분석은 파커가 제시한 다섯 항목 중에서 비교적 객관적 추정이 가능하다고 판단되는 직접편익, 가치연결, 가치가속의 세 항목만으로 경제성을 분석하기 때문에 파커의 방법론에 근거한 디지털 아카이빙의 종합적 편익이라고 주장하기에는 한계가 있다.

그리고 디지털 아카이빙 자체는 기관의 경영을 지원하는 역할을 하는 수단으로서 기관의 생산성에 핵심적 역할을 한다고 볼 수 없기 때문에, 기관의 생산성 향상이 디지털 아카이빙의 도입으로 인해 나타난 결과라고 단정하기는 어려운 측면이 있다. 한 기관이 디지털 아카이빙을 도입한 후의 수익성 및 생산성을 그 이전과 비교하기 위해서는 디지털 아카이빙을 제외한 아른 요인들에 대한 사전 필터링(filtering) 작업이 추가로 수반되어야 할 필요가 있다.

한편 국내에 디지털 아카이빙을 도입하여 활용하고 있는 기관들에 의존하여 실증분석을 수행하기에는 절대적인 표본 수가 부족하였으며, 이는 본 연구의 실증 결과에 사용된 통계 분석에 제한적 요소로 작용하였다.

6.2 시사점

정보화 사회에 부응하여 기록물에의 신속한 접근과 의사소통의 향상을 가져와 효율적인 업무 수행을 가능하게 하는 디지털 아카이빙을 구축하기 위해 선진 각국에서 활발한 움직임이 있으며, 국내에서도 최근에 공공기관을 중심으로 디지털 아카이빙이 도입

되기 시작하였다. 앞으로 이러한 추세가 가속화 될 것으로 예상
되며, 디지털 아카이빙의 구축이 보다 성공적으로 시행되기 위해
서는 국가 및 기관 차원에서 많은 문제점을 극복해야 할 것이다.
본 연구결과에 근거하여 국가적으로 디지털 아카이빙의 구축을
지원하기 위해 취해야 할 주요 정책의 시사점은 다음과 같다.

첫째, 시대가 바뀌어도 현재의 디지털 매체를 미래에도 지속적
으로 이용할 수 있도록 국가적 차원에서의 연구 및 기술적 지원
이 이루어져야 한다. 디지털 아카이빙이 기록물의 효율적인 활용
뿐만 아니라 영구보존을 가능하게 한다면 이중 매체를 생산해야
하는 부담 등이 제거됨으로 인하여 경제성이 향상될 수 있기 때
문이다.

둘째, 자료관시스템의 표준 소프트웨어 개발 및 시범사업 수행
을 위한 전폭적인 지원이 있어야 한다. 각 기관에서 개별적으로
구축된 전자문서관리시스템은 타인에 의하여 수정이 가능하기
때문에 진본성과 원본성을 입증하기 어려운 기능상의 문제점을
비롯하여 이에 수반되는 기관 시스템 간 연계성 등의 문제점을
안고 있다. 이러한 문제점을 근본적으로 해결하기 위해서는 국가
적 차원에서 시스템의 연구 및 개발을 지원해 줄 수 있도록 정
책적인 지원이 필요하다.

셋째, 국가적인 차원에서 기록물의 중요성에 대한 인식을 확산
시키고 정보 공개 서비스 강화를 선도하여야 한다. 선진국의 기
록관리가 오래전부터 체계화되어 온 것은 기록물을 중시하는 인
식이 널리 보급되어 있으며, 정보 공개가 활발하게 이루어져 왔
기 때문이다. 그러므로 정부 주도하에 기록물 관리의 중요성을
홍보하고 정책적으로 정보 공개를 강화해 나간다면 보다 많은 정

보가 활용됨으로써 디지털 아카이빙의 경제성이 증대될 수 있다.

넷째, 기록물의 활용성 증대를 위한 적극적인 홍보와 교육 프로그램이 있어야 한다. 정부 차원의 홍보와 교육을 통해 보다 쉽게 기록물에 접근할 수 있도록 효율적인 검색과 활용기능을 보완한다면 활용성 증대에 기여할 수 있기 때문이다.

다섯째, 국내에 디지털 아카이빙을 제도적으로 정착하기 위해서는 기록물의 역사적·행정적 가치를 선별할 수 있는 기록관리 전문가(아키비스트)의 양성을 활성화하여야 한다. 이를 위해서는 정부가 자격증이나 인증 등을 제도화하여 공공기관에 우선적으로 시행하고, 단계적으로 민간부문에도 확대될 수 있도록 추진하여야 할 것이다.

개별 기관이 디지털 아카이빙의 도입을 계획하고 있다면 다음과 같은 제언을 고려해 볼 수 있다.

첫째, 인쇄 기록물의 활용기능을 보완하기 위한 대안으로 디지털 아카이빙을 도입하는 것이 바람직하다. 활용차원에서 디지털 아카이빙을 구축한다면 보존기간이 20년 이상인 기록물이라 하더라도 선별작업을 통하여 활용성이 있는 자료만 매체변환을 하게 되므로 경제성을 높일 수 있게 된다.

둘째, 디지털 아카이빙에 대한 전문기술과 경험을 갖춘 전문인력이 없거나 기본적인 시설 설비가 미비할 경우 외부 전문 업체에 용역을 주어 디지털 아카이빙을 실시하는 것이 경제적이다.

셋째, 기관 내의 정보시스템(그룹웨어 및 지식관리시스템)과 연계되어 활용되어야 하며 사용하기 쉽고 편리하게 시스템을 구축하여야 한다.

넷째, 전문 능력을 갖춘 인력을 채용해야 한다. 거의 대부분의 기관이 기존 행정 인력을 충원하여 사업을 실시하고 있기 때문에 체계적인 기록관리 및 자료 선별에 많은 문제점이 있다.

다섯째, 구 기록물의 적극적인 활용을 위한 행정의 변화가 이루어져야 한다.구 기록물을 적극적으로 활용할 수 있도록 기관 차원에서의 체계적인 홍보와 교육이 이루어져야 한다.

여섯째, 기록물의 이관 작업을 충실히 수행하여야 한다. 기록물의 이관 및 폐기는 기관의 공간, 시설 및 인건비 절감의 근원이 되기 때문이다.

끝으로 효율적인 활용을 위한 장기적인 목적을 가지고 디지털 아카이빙을 도입하는 것이 바람직하다. 대부분의 기관에서는 초기 투자비용이 단기간 내에 회수된다는 확신이 있을 때 디지털 아카이빙을 도입하려고 한다. 그러나 디지털 아카이빙을 도입하는 데 있어서 의사결정의 기준이 되는 것은 단기적인 투자자금 회수가 아니라 장기적인 활용을 통한 경제성 향상이라는 것을 인식하는 것이 중요하다.

참고문헌

강성홍. 1997. 「의무기록 전산화의 모형개발 및 경제성 분석」. 박사
학위논문. 인제대학교 대학원 보건학과 보건행정학 전공.

고영만. 1993. 포스트모던 사회의 정보전달구조에 관한 연구: 포스
트모던의 정보학적 고찰. 「창사 이춘희 교수 정년기념논총」.

고영만. 2003. 정보의 경제성에 관한 담론. 「한국문헌정보학회지」.
37(4): 53-68.

김동건. 1997. 「비용편익분석」. 서울: 박영사.

김동석, 조동호, 고영만. 2003. 디지털 도서관의 경제성 평가: 국립
디지털도서관 DLP 사례연구. 「한국정보관리학회지」 20(4):
159-193.

김익한. 2001. 기록관리체제의 개혁과 기록과학의 과제. 「정신문화
연구」. 22(2): 225-241.

김재형, 홍기석, 이승태. 2000. 「2000년도 예비타당성조사 연구보고
서: 예비타당성조사 수행을 위한 일반지침 연구」. 서울: 한국
개발연구원.

김효석, 오재인. 1996. 정보기술의 평가모형 개발: K기업의 사례연

140

구. 「경영과학」 13(1): 29-46.

이국희. 1992. 기업 정보 시스템의 평가를 위한 모형. 「경영정보학연구」. 2(1): 17-33.

이소영. 2002. 디지털 아카이빙의 표준화와 OAIS 참조모형. 「정보관리연구」. 33(3): 45-68.

정혜경, 송민선. 2002. 디지털도서관의 경제성 분석모형연구. 「정보관리」. 1: 89-105.

한국감정원. 2002. 「건물 신축 단가표」.

한국국가기록연구원, 편. 2003. 「레코드 관리를 위한 ISO 표준 해설」.

한상완. 2002. 「한국 공공기관 기록보존관리의 현황과 중장기 정책」. 한국기록관리학회.i75

최원태. 2001. 디지털 아카이브의 현황 및 구성 요소에 관한 연구. 「한국문헌정보학회지」 35(2): 23-37.

Annand, David. 2002. "Concurrent Development and Cost-Benefit Analysis of Paper-Based and Digitized Instructional Material." *Internet and Higher Education* 5: 47-54.

Anselstetter, R. 1986. "Betriebswirtschaftliche Nutzeffekte der Datenverarbeitung, Anhaltspunkte fuer Nutzen-Kosten-Schaetzungen" ed2, Springer, Berlin, 44. Quoted in Parker, Marilyn M., Robert J. Benson and H. E. Trainor. *Information Economics: Linking Business Performance to Information Technology*. England Cliffs: Prentice Hall. 1988.

Bell, D. 1973. *The Coming Post Industrial Society*. N. Y.: Basic Books.

Benedon, William. 2000. "Outsourcing: the Right Decision?" *Information Management Journal*(Jan.): 34-41.

Boles, Frank and Julia Marks Young. 1985. "Exploring the Black Box: the Appraisal of University Administrative Records", *American Archivist* 48 (spring): 121-40.

Brichford, Maynard. 1977. *Archives & Manuscripts: Appraisal & Accessioning*, Chicago: Society of American Archivists.

Brumm, Eugenia. 1993. "Cost/Benefit Analysis of the Records Management Program in the State of Texas." *Records Management Quarterly* 27: 2(April): 30-39.

Butler, Meredith A. 1997. *"Issues and Challenges of Archiving and Storing Digital Information: Preserving the Past for Future Scholars"*. In Sul H. Lee (Ed.), Economics of Digital Information: Collection, Storage, and Delivery. New York: Haworth Press.

Cisco, Susan L. and Karen V. Strong. 1999. "Value Added Information Chain." *Information Management Journal*(Jan.): 4-15.

Conway, Paul. 1997. "Yale University Library's Project Open Book." *D-Lib Magazine.* [cited 2004. 6. 5].
<http://www.dilib.org/dlib/february96/yale/02conway.html>

Cummins, Thompson R. 1998. "Cost-Benefit Analysis: More Than Just Dollars and Cents." *Bottom Line* 3(2): 3-7.

Dmytrenko, April. 1997. "Cost Benefit Analysis", *Records Management Quarterly* 31(1) (Jan.):16-20.

Ericksen, Paul and Robert Shuster. 1995. "Beneficial Shocks: the Place of Processing-Cost Analysis in Archival Administration." *American Archivist* 58(winter): 32-52.

Gable, Julie. 1992. "Net Present Value: a Financial Tool for Complicated Times." *Records Management Quarterly*(Jan): 3-18.

Getz, Malcolm. 1997. "Evaluating Digital Strategies for Storing and Retrieving Scholarly Information", In Sul H. Lee(Ed.), Economics of Digital Information: Collection, Storage, and Delivery. New York: Haworth Press.

Goodman, Susan K. 1994. "Measuring the Value Added by Records and Information Management Program." *Records*

Management Quarterly(April): 3-13.

Griffths, Jose Marie, Donald Ward King and Elizabeth Atwood-Gailey. 1996. *Cost Finding for Records Management Activities*, Kansas: ARMA.

Hayes, Robert M. 2000. "Economics of Digital Libraries." [cited 2004. 6. 5]. <http://www.usp.br/wibi/economics.htm>

Jonscher, C. 1983. "Information Resources and Economic Productivity", *Information Economics and Policy* 1: 13-35.

Kenney, Anne R. "Digital to Microfilm Conversion: a Demonstration Project 1994-1996." [cited 2004. 6. 5]. <http://www.library.cornell.edu/preservation/pub.htm>

Kingma, Bruce R. 2000. "Economics of Digital Access: the Early Canadiana Online Project", Michigan in Ann Arbor. PEAK: the Economics and Usage of DL Collection. [cited 2004. 6. 5]. <http://www.si.urnich.edu/PEAK-2000/speakers.htm>

Kingma, Bruce R. 2001. *Economics of Information: a Guide to Economics and Cost-Benefit Analysis for Information Professionals.* Libraries Unlimited.

Lagau, Robert. 2000. "Cost-Benefit Analysis Guide for NIH IT Projects", [cited 2004. 6. 4]. <http://irm.cit.nih.gov/itmra/cbaguide.htm>

Lincoln, Y. S. and E. G. Guba. 1985. *Naturalistic Inquiry.* Beverly Hills, CA: Sage.

Machlup, F. 1962. *The Production and Distribution of Knowledge in the United States.* Princeton, N. J.: Princeton University Press.

Maher, William J. 1982. "Measurement and Analysis of Processing Costs in Academic Archives." *College and Research Libraries* 43(Jan.): 59–67.

Matlin, Gerald L. 1982. *The Economics of Information Processing.*

Parker, Marilyn M., Robert J. Benson and H. E. Trainor. 1988. *Information Economics: Linking Business Performance to Information Technology.* England Cliffs: Prentice Hall.

Pemberton, J. Michael. 1995. "Information Economy: a Context for Records and Information Management", *Records Management Quarterly* (July): 54–58.

Porat, M. 1977. *Information Economy: Definition and Measurement.* Washington, D. C: U. S. Government Printing Office.

Porter, Michael E. 1985. *Competitive Advantage.* New York: Free Press.

Raffel, Jeffrey A. and Robert Shishko. 1974. *Systematic Analysis of University Libraries: an Application of Cost-Benefit Analysis to the MIT Libraries.* Cambridge. Mass.: MIT Press.

Saffady, William. 1998. *Costs Analysis Concepts and Methods for Records Management Projects.* ARMA International.

Saffady, William. 1999. *Value of Records Management: a Manager's Briefing: the Business Case for Systematic Control of Recorded Information.* ARMA International.

Sassone, Peer G. 1988. "A Survey of Cost-Benefit Methodologies for Information Systems." *Project Appraisal*(June): 73-84.

Schement, Jorge Reina, Porat, Bell. 1990. "The Information Society Reconsidered: the Growth of Information Work in the Early Twentieth Century." *Information Processing and Management,* 26(4): 453-463.

Silver, Bruce. 1998. "Records Management Rides Again." KM World. February 23. [cited 2004. 6. 5].
<http://www.kmworld.com/newestlibrary/1998/februry_23/rec mgmtridesagain.cfm>

Skupsky, Donald S. 1991. *Record keeping Requirements.* Denver: Information Requirements Clearinghouse.

Touraine, A. 1993. "Die Postindustrielle Casellschaft" Frankfurt: M: Campus. 7. 1969. Quoted in 고영만. 포스트모던 사회의 정보전달구조에 관한 연구: 포스트모던의 정보학적 고찰. 춘사 이춘희 교수 정년기념논총.

Wilsted, Thomas, 1989. "Computing the Total Cost of Archival Processing." Technical Leaflet Series 2. Mid-Atlantic Regional Archives Conference: 1-8.

<부록 1>

설 문 지

안녕하십니까?

저는 성균관대학교 대학원에서 문헌정보학을 전공하고 있는 박사과정 학생으로 디지털 아카이빙의 경제성에 관한 연구를 진행하고 있습니다.

본 설문지는 '디지털 아카이빙'에 대한 귀하의 의견을 수렴하고자 작성된 것이며, 구체적으로는 기존 인쇄 기록물에 비하여 디지털 기록물이 얼마나 업무처리를 신속하고 효율적으로 시행하는 데 도움을 주고 있는 지에 대한 귀하의 의견을 듣고자 합니다.

설문에 응하시는 데 다소 불편함이 있으시더라도 정확하게 끝까지 답변해 주시면 감사하겠습니다. 귀하의 응답은 저의 연구에 귀중한 자료로 이용될 것이며, 본 연구 목적 이외에 다른 용도로 사용되지 않을 것임을 약속드립니다.

감사합니다.

성균관대학교 대학원 문헌정보학과
연구자 정혜경 올림
지도교수 고영만

설문조사

Ⅰ. 밑줄 부분에 체크(√)를 하거나, 해당내용에 적절하게
기입하여 주십시오.

1. 나이: _________ 세 성별: ____ 남____ 여
어느 부서에서 근무하고 계십니까?___________________
맡고 있는 업무에 대하여 기술해 주십시오. ______________
본 기관에서 근무한 경력은? _______ 년______ 개월

2. 인쇄 기록물(문서)이 디지털화 되기 전에 귀하는 보존문서를
얼마나 자주 찾아서 업무에 이용하였는지 답변해 주시기 바랍
니다.
하루에 ____회 또는 1주일에 _____회 또는 기타___________

3. 인쇄 기록물(문서)을 한 건 찾는 데 어느 정도의 시간이 소요된
다고 생각하십니까?
평균 _____ 분 (예: 10분, 15분, 25분……)

4. 동일한 목적으로 디지털 기록물과 인쇄 기록물(문서)을 모두
이용할 수 있다면, 귀하는 전자를 후자에 비해 얼마나 더 자주
이용하십니까?
① 1.5배 ____   ② 2배 ____   ③ 3배 ____
④ 그 이상 ___   ⑤ 차이 없다 ____

5. 기록관리를 시행하기 전에, 귀하가 문서관리에 소요한 시간은
전체 업무 시간의 어느 정도를 차지한다고 생각하는 지 그 비
율을 선택하여 주시기 바랍니다.
① 5%   ② 10%   ③ 15%   ④ 20%   ⑤ 20% 이상

Ⅱ. 디지털 기록물을 이용하게 되면서 인쇄 기록물(문서)을 이
   용할 때에 비해 다음의 각 문항에 대한 변화가 있는 지 여
   부에 대하여 답변해 주시기 바랍니다.

6. 기록물을 찾기 위해서 타 부서를 방문하는 횟수가 감소되었다
   고 생각한다.
   예 ＿＿＿ → 6.1번 문항으로   아니오 ＿＿＿ → 7번 문항으로

6.1 타 부서를 방문하는 평균 횟수가 얼마나 감소되었다고 생각
   하십니까?
   하루에 ＿＿＿회 또는 1주일에 ＿＿＿＿회 또는 기타＿＿＿＿＿＿＿＿

6.2 타 부서를 1회 방문할 때 소요되는 평균 시간은 얼마나 됩니까?
   평균 ＿＿＿＿ 분 (예: 10분, 35분……)

7. 기록물을 찾기 위해서 전화통화를 하는 횟수가 감소되었다고 생
   각한다.
   예 ＿＿＿ → 7.1번 문항으로   아니오 ＿＿＿＿ → 8번 문항으로

7.1 전화통화의 평균 횟수가 얼마나 감소되었다고 생각하십니까?
   하루에 ＿＿＿회 또는 1주일에 ＿＿＿＿회 또는 기타＿＿＿＿＿＿＿＿

7.2 전화통화를 1회 할 때 소요되는 평균 시간은 얼마나 되니까?
   평균 ＿＿＿＿ 분 (예: 10분, 35분……)

8. 기록물을 찾기 위해서 메시지(이메일) 보내는 횟수가 감소되었다
   고 생각한다.
   예 ＿＿＿＿ → 8.1번 문항으로 아니오 ＿＿＿＿ → 9번 문항으로

8.1 메시지(이메일 등)를 전송하는 평균 횟수가 얼마나 감소되었다고 생각하십니까?

하루에 ____회 또는 1주일에 ____회 또는 기타__________

8.2 메시지를 1회 전송하는 데 소요되는 평균 시간은 얼마나 됩니까?

평균 ____ 분 (예: 10분, 35분……)

9. 기록물을 찾기 위해서 직원들끼리 미팅하는 횟수가 감소되었다고 생각한다.

예 ____ → 9.1번 문항으로   아니오 ____ → 제출하여 주십시오.

9.1 미팅하는 평균 횟수가 얼마나 감소되었다고 생각하십니까?

하루에 ____회 또는 1주일에 ____회 또는 기타__________

9.2 미팅하는 데 소요되는 평균 시간은 얼마나 됩니까?

평균 ____ 분 (예: 10분, 35분……)

수고하셨습니다.

<부록 2> 디지털 아카이빙의 현황조사

기관기호 : A

작성자: (소속:)

작성자 연락처

- 전화:

- 팩스:

- e-mail:

□ 밑줄 부분에 체크(√)를 하거나, 해당내용에 적절하게 기입하여 주십시오.

Ⅰ. 귀하의 기관 전체에 대한 다음의 질문에 응답해 주십시오.

건물 총 면적 ＿＿＿평 / 설립년도 ＿＿＿＿

자가 건물 ＿＿＿ 또는 건물 임대 ＿＿＿

건물 임대 시 임대료(임차료) 수준 평당 ＿＿＿＿ 원

예산(1년)＿＿＿＿ / 직원수: ＿＿＿＿

Ⅱ. 귀하의 기관에서 실시하고 있는 기록관리에 대한 다음의 질문에 응답해 주십시오.

시작연도 ＿＿＿＿ / 기록관리 예산(1년)＿＿＿＿＿＿

기록관리 담당 직원 수＿＿ (Full-time ＿＿명 Part time ＿＿)

기록물의 이용자 수 ＿＿＿＿＿＿

기록관리 전용 검색시스템: 있음＿＿

(검색 시스템명＿＿＿＿＿＿), 없음 ＿＿ 기록물 관리규정: 있음 ＿＿ 없음 ＿＿ / 자료관: 있음 ＿＿ (개관년도＿＿), 없음 ＿＿

소장 기록물 보존량 __________

(인쇄 기록물 ______ 디지털 기록물 ______ 기타 ______)

Ⅲ. 기록물의 체계적인 관리가 디지털 아카이빙의 도입 이전에 시행되고 있었습니까?

예 ___ 아니오 ___ (디지털 아카이빙의 시작연도는? _____)

1. 디지털 아카이빙을 하는 대상은 어떤 기준으로 정해집니까?

____

스캐닝 작업: 자체작업 ________ 외부용역 __________

2. 디지털 아카이빙을 실시하고 나서 귀 기관에 나타나는 가장 큰 효과는 무엇인지 기술하여 주십시오.

____

____

3. 디지털 아카이빙 사업에 대하여 제안 혹은 건의 사항이 있으시면 기술하여 주시기 바랍니다.

____

____

4. 다음 항목에 소요된 비용을 디지털 아카이빙을 실시하기 이전과
이후로 나누어 세부항목과 함께 기재하여 주시기 바랍니다.

(단위: 원)

항목	이 전	이 후				
	1년간	첫 해 (초기투자비용 포함)	2년째	3년째	4년째	5년째
공간비용[1] (또는 면적)						
인건비[2]						
시설[3]						
장비[4]						
유지보수비용[5]						
기타[6]						

[1] 공간비용은 열람공간, 작업공간, 업무공간을 포함하는 것으로 디지털 아카이빙을 통해 절감되는 공간(문서관리실, 서가, 파일캐비넷 등이 차지하던 공간)을 임대료 기준에 맞추어 산출합니다.

[2] 인건비에는 담당직원의 연 급여의 합계(시간제 포함)를 기입하여 주십시오.

[3] 시설에는 서가(모빌렉, 양면서가), 문서 캐비넷 등의 비용을 기입하여 주십시오.

[4] 장비에는 기록물관련 전산장비, 쥬크박스, 스캐너, 프린터 등의 비용을 기입하여 주십시오.

[5] 유지보수비에는 스캐너, 기록관리용 프로그램, 소프트웨어 업그레이드 계약 등의 비용을 기입하여 주십시오.

[6] 기타에는 종이, 프린터, 토너, 잉크, 예비비 등의 비용을 기입하여 주십시오.

<부록 3> 로지스틱 함수: 공공기관의 사용자 비율

| | | | | | a 추정치 | 0.135758 | | |
| | | | | | b 추정치 | 12.497100 | | |

시점	년	월	접속건수	접속자수		사용자비율	
				실제치	추정치	실제치	추정치
1	2001	11	9,646	190	434	0.076112	0.173529
2		12	15,368	303	485	0.121261	0.193869
3	2002	1	23,363	461	540	0.184346	0.215970
4		2	28,311	558	600	0.223388	0.239841
5		3	44,570	879	664	0.351680	0.265458
6		4	44,787	883	732	0.353392	0.292757
7		5	51,689	1,020	804	0.407852	0.321633
8		6	41,458	818	880	0.327124	0.351941
9		7	53,685	1,059	959	0.423602	0.383490
10		8	56,099	1,107	1,040	0.442649	0.416052
11		9	60,986	1,203	1,123	0.481210	0.449363
12		10	69,101	1,363	1,208	0.545242	0.483135
13		11	56,330	1,111	1,293	0.444472	0.517062
14		12	54,068	1,067	1,377	0.426624	0.550831
15	2003	1	65,933	1,301	1,460	0.520244	0.584139
16		2	81,193	1,602	1,542	0.640653	0.616696
17		3	80,375	1,585	1,621	0.634199	0.648238
18		4	89,104	1,758	1,696	0.703075	0.678538
19		5	92,964	1,834	1,769	0.733533	0.707406
20		6	95,051	1,875	1,837	0.750000	0.734696
21		7			1,901		0.760302
22		8			1,960		0.784163
23		9			2,016		0.806254
24		10			2,066		0.826584
25		11			2,113		0.845191
26		12			2,155		0.862134
27	2004	1			2,194		0.877491
28		2			2,228		0.891354
29		3			2,260		0.903819
30		4			2,287		0.914991
31		5			2,312		0.924973
32		6			2,335		0.933868
33		7			2,354		0.941774

					a 추정치	0.135758		
					b 추정치	12.497100		
시점	년	월	접속건수	접속자수			사용자비율	
34		8			2,372			0.948787
35		9			2,387			0.954996
36		10			2,401			0.960483
37		11			2,413			0.965326
38		12			2,424			0.969594
39	2005	1			2,433			0.973351
40		2			2,442			0.976655
41		3			2,449			0.979558
42		4			2,455			0.982106
43		5			2,461			0.984342
44		6			2,466			0.986303
45		7			2,470			0.988021
46		8			2,474			0.989526
47		9			2,477			0.990843
48		10			2,480			0.991996
49		11			2,483			0.993005
50		12			2,485			0.993888
51	2006	1			2,487			0.994659
52		2			2,488			0.995334
53		3			2,490			0.995924
54		4			2,491			0.996440
55		5			2,492			0.996890
56		6			2,493			0.997284
57		7			2,494			0.997628
58		8			2,495			0.997928
59		9			2,495			0.998191
60		10			2,496			0.998420
61		11			2,497			0.998621
62		12			2,497			0.998795
63	2007	1			2,497			0.998948
64		2			2,498			0.999082
65		3			2,498			0.999198
66		4			2,498			0.999300
67		5			2,498			0.999389
68		6			2,499			0.999466
69		7			2,499			0.999534
70		8			2,499			0.999593

				a 추정치	0.135758		
				b 추정치	12.497100		
시점	년	월	접속건수	접속자수		사용자비율	
71		9			2,499		0.999645
72		10			2,499		0.999690
73		11			2,499		0.999729
74		12			2,499		0.999764
75	2008	1			2,499		0.999794
76		2			2,500		0.999820
77		3			2,500		0.999843
78		4			2,500		0.999863
79		5			2,500		0.999880
80		6			2,500		0.999895
81		7			2,500		0.999909
82		8			2,500		0.999920
83		9			2,500		0.999930
84		10			2,500		0.999939
85		11			2,500		0.999947
86		12			2,500		0.999954

<부록 4> 로지스틱 함수: 일반기업체의 사용자 비율

				a 추정치	0.135758		
				b 추정치	12.497100		
시점	년	월	접속건수	접속자수		사용자 비율	
				실제치	추정치	실제치	추정치
1	2001	11	9,646	190	434	0.076112	0.173529
2		12	15,368	303	485	0.121261	0.193869
3	2002	1	23,363	461	540	0.184346	0.215970
4		2	28,311	558	600	0.223388	0.239841
5		3	44,570	879	664	0.351680	0.265458
6		4	44,787	883	732	0.353392	0.292757
7		5	51,689	1,020	804	0.407852	0.321633
8		6	41,458	818	880	0.327124	0.351941
9		7	53,685	1,059	959	0.423602	0.383490
10		8	56,099	1,107	1,040	0.442649	0.416052
11		9	60,986	1,203	1,123	0.481210	0.449363
12		10	69,101	1,363	1,208	0.545242	0.483135
13		11	56,330	1,111	1,293	0.444472	0.517062
14		12	54,068	1,067	1,377	0.426624	0.550831
15	2003	1	65,933	1,301	1,460	0.520244	0.584139
16		2	81,193	1,602	1,542	0.640653	0.616696
17		3	80,375	1,585	1,621	0.634199	0.648238
18		4	89,104	1,758	1,696	0.703075	0.678538
19		5	92,964	1,834	1,769	0.733533	0.707406
20		6	95,051	1,875	1,837	0.750000	0.734696
21		7			1,901		0.760302
22		8			1,960		0.784163
23		9			2,016		0.806254
24		10			2,066		0.826584
25		11			2,113		0.845191
26		12			2,155		0.862134
27	2004	1			2,194		0.877491
28		2			2,228		0.891354
29		3			2,260		0.903819
30		4			2,287		0.914991
31		5			2,312		0.924973
32		6			2,335		0.933868
33		7			2,354		0.941774
34		8			2,372		0.948787

158

시점	년	월	접속건수	접속자수		사용자 비율	
				a 추정치	0.135758		
				b 추정치	12.497100		
				실제치	추정치	실제치	추정치
35		9			2,387		0.954996
36		10			2,401		0.960483
37		11			2,413		0.965326
38		12			2,424		0.969594
39	2005	1			2,433		0.973351
40		2			2,442		0.976655
41		3			2,449		0.979558
42		4			2,455		0.982106
43		5			2,461		0.984342
44		6			2,466		0.986303
45		7			2,470		0.988021
46		8			2,474		0.989526
47		9			2,477		0.990843
48		10			2,480		0.991996
49		11			2,483		0.993005
50		12			2,485		0.993888
51	2006	1			2,487		0.994659
52		2			2,488		0.995334
53		3			2,490		0.995924
54		4			2,491		0.996440
55		5			2,492		0.996890
56		6			2,493		0.997284
57		7			2,494		0.997628
58		8			2,495		0.997928
59		9			2,495		0.998191
60		10			2,496		0.998420
61		11			2,497		0.998621
62		12			2,497		0.998795
63	2007	1			2,497		0.998948
64		2			2,498		0.999082
65		3			2,498		0.999198
66		4			2,498		0.999300
67		5			2,498		0.999389
68		6			2,499		0.999466
69		7			2,499		0.999534
70		8			2,499		0.999593

시점	년	월	접속건수	접속자수		사용자 비율	
				a 추정치	0.135758		
				b 추정치	12.497100		
				실제치	추정치	실제치	추정치
71		9			2,499		0.999645
72		10			2,499		0.999690
73		11			2,499		0.999729
74		12			2,499		0.999764
75	2008	1			2,499		0.999794
76		2			2,500		0.999820
77		3			2,500		0.999843
78		4			2,500		0.999863
79		5			2,500		0.999880
80		6			2,500		0.999895
81		7			2,500		0.999909
82		8			2,500		0.999920
83		9			2,500		0.999930
84		10			2,500		0.999939
85		11			2,500		0.999947
86		12			2,500		0.999954

<부록 5> 기관별 사례분석

구분	자료관 설립년도	디지털 아카이빙 구축연도	면적 (m²)	기록물 보유현황(권)	연평균 문서생산량[1] (권)	담당부서	담당직원	디지털 아카이빙 구축량 (권)
A	1994[2]	2001	2,016	약 42만 (각실 35만, 문서고 72,000)	536,000	민원과 문서관리팀	정규직원10명 임시직원: 공공근로요원	4,360
B	2001	2001	887	약 33만 (55개 실과의 문서포함)	40,000	총무과문서관 리팀	정규직원11명 임시직원: 공공근로요원	59,620
C	2001	2001	560.74	약 13만	40,000	총무과자료관	정규직원10명 임시직원: 공공근로요원	약 2,646
D	2001	2001	365	37,389 (문서26,000 도면2,000매 카드9,389매)	20,000	총무과자료관	정규직원6명 임시직원: 공공근로요원	약 3,000 카드류 9,000매
E	2000	2000	559.98	50,340 (문서10,626 카드28,288매 고교학적부11,426)	20,000	총무과자료관	정규직원8명 임시직원: 공공근로요원	약 3,000

구분	자료관 설립년도	디지털 아카이빙 구축연도	면적 (m^2)	기록물 보유현황(권)	연평균 문서생산량[1] (권)	담당부서	담당직원	디지털 아카이빙 구축량 (권)
F	2001	2001	455.68	26,207	20,000	총무과자료관	정규직원2명 임시직원: 공공근로요원	77,236 (문서22,673건 카드50,294매, 도면 4,020매, 대장 238, 시청각 자료11)
G	1999	1999	760.33	62,000	파악불가[3]	인력관리처 문서팀	정규직원2명	254만매
H	2003	2003	521	8,866	파악불가[3]	PI지원실 (Process Innovation)	정규직원2명	735,144 (결재문서 170,742건 포함)
I	2003	2003	803	–	파악불가[3]	문서관리실	정규직원3명 임시직원20명	256Giga Bytes

[1] 정부기록보존소에 집계된 통계치에 근거함
[2] 기관 A의 자료관은 1994년에 설립되었지만 자료관으로서의 기능이 미비하므로 2001년 디지털 아카이빙이 도입된 해에 자료관이 신설된 것으로 가정하고 경제성을 추정함
[3] 현재 전자문서 위주로 생산되므로 문서 이관이 이루어지지 않으므로 파악 불가능함

<부록 6> 기관별 항목당 투입비용

	비용항목	1차년	2차년	3차년	4차년	5차년	6차년	7차년	8차년	9차년	10차년
A	1	1191456	0	0	0	0	0	0	0	0	0
	2	411660	411660	411660	411660	267660	267660	267660	267660	267660	267660
	3	218867	0	0	0	0	120000	0	0	0	0
	4	710000	391000	0	300000	0	0	0	0	300000	0
	5	0	0	56800	0	0	24000	24000	24000	0	0
	6	209000	0	0	209000	0	0	0	0	0	0
	7	125103	125103	125103	125103	125103	125103	125103	125103	125103	125103
	합계	2866086	927763	593563	1045763	392763	536763	416763	416763	416763	416763
B	1	524217	0	0	0	0	0	0	0	0	0
	2	558097	551567	629225	389426	294426	294426	294426	294426	294426	294426
	3	100000	30000	0	0	0	53400	0	0	0	0
	4	811432	439000	300000	300000	0	0	0	0	300000	0
	5	0	43500	70000	0	0	24000	24000	24000	0	0
	6	0	0	0	0	0	0	0	0	0	0
	7	55042	55042	55042	55042	55042	55042	55042	55042	55042	55042
	합계	2048788	1119109	1054267	744468	349468	426868	373468	373468	649468	349468
C	1	331397	0	0	0	0	0	0	0	0	0
	2	501835	379362	458684	411660	267660	267660	267660	267660	267660	267660
	3	61496	0	0	0	0	120000	0	0	0	0
	4	77846	20286	95976	300000	0	0	0	0	300000	0
	5	0	5000	30000	0	0	24000	24000	24000	0	0
	6	0	0	0	209000	0	125103	0	0	0	0
	7	34797	34797	34797	34797	34797	34797	34797	34797	34797	34797
	합계	1007371	439445	619457	714149	302457	360441	326457	326457	602457	302457
D	1	215715	0	0	0	0	0	0	0	0	0
	2	210596	210596	210596	210596	160596	160596	160596	160596	160596	160596
	3	41891	0	0	0	0	23991	0	0	0	0
	4	207000	0	0	300000	0	0	0	0	300000	0
	5	0	0	13400	0	0	24000	24000	24000	0	0
	6	0	0	0	0	0	0	0	0	0	0
	7	22650	22650	22650	22650	22650	22650	22650	22650	22650	22650
	합계	697852	233246	246646	524246	183246	231237	207246	207246	483246	183246
E	1	330948	0	0	0	0	0	0	0	0	0
	2	294128	324128	324128	334128	339128	214128	214128	214128	214128	214128
	3	0	0	12000	0	0	0	0	12000	0	0
	4	300000	0	100000	100000	300000	0	0	0	300000	0
	5	0	10000	24000	50000	50000	24000	24000	24000	24000	0
	6	0	0	0	0	0	0	0	0	0	0
	7	34750	34750	34750	34750	34750	34750	34750	34750	34750	34750
	합계	959826	368878	494878	518878	723878	272878	272878	284878	272878	548878

비용항목		1차년	2차년	3차년	4차년	5차년	6차년	7차년	8차년	9차년	10차년
F	1	269307	0	0	0	0	0	0	0	0	0
	2	98532	98532	98532	98532	53532	53532	53532	53532	53532	53532
	3	35423	0	0	0	0	35423	0	0	0	0
	4	253115	0	0	300000	0	0	0	0	300000	0
	5	0	0	20249	0	0	24000	24000	24000	0	0
	6	0	0	0	0	0	0	0	0	0	0
	7	28277	28277	28277	28277	28277	28277	28277	28277	28277	28277
	합계	684654	126809	147058	426809	81809	141232	105809	105809	381809	81809
G	1	526151	0	0	0	0	0	0	0	0	0
	2	82920	82920	82920	82920	82920	82920	82920	82920	82920	82920
	3	46081	0	0	0	0	46081	0	0	0	0
	4	55000	0	0	0	0	55000	0	0	0	0
	5	0	0	4400	4400	4400	0	0	4400	4400	4400
	6	150000	150000	150000	150000	150000	0	0	0	0	0
	7	52532	52532	52532	52532	52532	52532	52532	52532	52532	52532
	합계	912684	285452	289852	289852	289852	236533	135452	139852	139852	139852
H	1	360532	0	0	0	0	0	0	0	0	0
	2	75700	75700	75700	75700	75700	75700	75700	75700	75700	75700
	3	31576	0	0	0	0	31576	0	0	0	0
	4	1200000	0	0	0	0	1200000	0	0	0	0
	5	0	0	96000	96000	96000	0	0	96000	96000	96000
	6	70000	70000	70000	70000	70000	70000	70000	70000	70000	70000
	7	36488	36488	36488	36488	36488	36488	36488	36488	36488	36488
	합계	1774296	182188	278188	278188	278188	1413764	182188	278188	278188	278188
I	1	509600	0	0	0	0	0	0	0	0	0
	2	274450	274450	274450	274450	274450	274450	274450	274450	274450	274450
	3	48404	0	0	0	0	48404	0	0	0	0
	4	1200000	0	0	0	0	1200000	0	0	0	0
	5	0	0	96000	96000	96000	0	0	96000	96000	96000
	6	0	0	0	0	0	0	0	0	0	0
	7	53508	53508	53508	53508	53508	53508	53508	53508	53508	53508
	합계	2085962	327958	423958	423958	423958	1576362	327958	423958	423958	423958

주: 1 = 공간비2 = 인건비3 = 시설장비비4 = 전산장비비5: = 유지보수비6 = 외부용역비7 = 기타

<부록 7> 기관별 항목당 직접편익

		1차년	2차년	3차년	4차년	5차년	6차년	7차년	8차년	9차년	10차년
A	1	0	0	0	0	0	0	0	0	0	0
	2	0	0	0	0	0	0	0	0	0	0
	3	160817[1]	160817	160817	160817	160817	160817	160817	160817	160817	160817
	합계	160817	160817	160817	160817	160817	160817	160817	160817	160817	160817
B	1	7969[2]	10719	11351	11351	7568	7568	7568	7568	7568	7568
	2	1007[3]	1354	1331	1331	887	887	887	887	887	887
	3	12000[4]	12000	12000	12000	12000	12000	12000	12000	12000	12000
	합계	20976	24073	24682	24682	20455	20455	20455	20455	20455	20455
C	1	84861	38949	33360	33360	7568	7568	7568	7568	7568	7568
	2	10723	4920	3959	3959	887	887	887	887	887	887
	3	12000	12000	12000	12000	12000	12000	12000	12000	12000	12000
	합계	107584	55869	49319	49319	49319	20455	20455	20455	20455	20455
D	1	889	2738	1955	1955	1892	1892	1892	1892	1892	1892
	2	112	346	229	229	222	222	222	222	222	222
	3	6000[5]	6000	6000	6000	6000	6000	6000	6000	6000	6000
	합계	7001	9084	8184	8184	8114	8114	8114	8114	8114	8114
E	1	4119	11795	4288	4288	4288	1892	1892	1892	1892	1892
	2	522	1492	505	504	887	887	887	887	887	887
	3	6000	6000	6000	6000	6000	6000	6000	6000	6000	6000
	합계	10641	19287	10793	10793	11175	8779	8779	8779	8779	8779
F	1	0	0	0	0	14612	1892	1892	1892	1892	1892
	2	0	0	0	0	1714	887	887	887	887	887
	3	6000	6000	6000	6000	6000	6000	6000	6000	6000	6000
	합계	6000	6000	6000	6000	22326	8779	8779	8779	8779	8779
G	1	310216	62043	62043	62043	62043	62043	62043	62043	62043	62043
	2	34003	6813	6813	6813	6813	6813	6813	6813	6813	6813
	3	132713	132713	132713	132713	132713	132713	132713	132713	132713	132713
	합계	476932	201569	201569	201569	201569	201569	201569	201569	201569	201569
H[6]	1	216319	43264	43264	43264	43264	43264	43264	43264	43264	43264
	2	23341	4668	4668	4668	4668	4668	4668	4668	4668	4668
	3	100700	100700	100700	100700	100700	100700	100700	100700	100700	100700
	합계	340360	148632	148632	148632	148632	148632	148632	148632	148632	148632
I	1	189981	189981	189981	189981	189981	189981	189981	189981	189981	189981
	2	22176	22176	22176	22176	22176	22176	22176	22176	22176	22176
	3	720000	720000	720000	720000	720000	720000	720000	720000	720000	720000
	합계	932157	932157	932157	932157	932157	932157	932157	932157	932157	932157

[1] 기관 A의 복사비 절감액 = 536,055권 × 200매 × 0.05 × 30원 = 160,817천 원
[2] 기관 B(자료관 2001년 건립, 기록물 이관량 1,362권)의 공간비 절감편익 = 99 m^2: 10,000권= x : 1,362권, x =13.48m^2 × 591,000원 = 7,969천 원
[3] 기관 B(자료관 2001년 건립, 기록물 이관량 1,362권)의 시설장비비 절감편익 = 99m^2: 16개 = 13.48m^2 : x, x = 2.18개 × 462,000원 = 1,007천 원
[4] 기관 B의 복사비 절감액 = 40,000권 × 200매 × 0.05 × 30원 = 12,000원
[5] 기관 D의 복사비 절감액 = 20,000권 × 200매 × 0.05 × 30원 = 6,000원
[6] 기관 H에서 디지털 아카이빙을 도입한 후 도입이 전보다 60%의 자료관 면적이 절감된 것으로 추정된다. (자료관 2003년 건립, 521m^2)
공간비 절감편익 = 521m^2 × 0.6 = 312.6m^2 × 692,000원 = 216,319천 원
시설장비비 절감편익 = 99m^2 : 16개서가 = 312.6m^2 : x, x = 50.52개 × 462,000 = 23,340천 원

· 저자 ·

정혜경(鄭惠暻)

· 약력 ·

KENT State University(미국 오하이오 주 소재) 문헌정보학 석사
성균관대학교 문헌정보학 박사

Gardner Webb University(미국 노스캐롤라이나 주 소재) 중앙도
서관 / Head of Cataloging Department
외국어대학교 외국학종합연구센터 사서
KDI 국제정책대학원 정보자료실장

· 저서 ·

「자료관에서의 디지털 아카이빙의 경제성 분석에 관한 연구」

디지털 아카이빙의 경제성 분석

· 초판 인쇄	2005년 9월 30일
· 초판 발행	2005년 9월 30일
· 지 은 이	정혜경
· 펴 낸 이	채종준
· 펴 낸 곳	한국학술정보㈜
	경기도 파주시 교하읍 문발리 526-2
	파주출판문화정보산업단지
	전화 031) 908-3181(대표) · 팩스 031) 908-3189
	홈페이지 http://www.kstudy.com
	e-mail(e-Book사업부) ebook@kstudy.com
· 등 록	제일산-115호(2000. 6. 19)
· 가 격	10,000원

ISBN   89-534-3349-5 93020 (Paper Book)
         89-534-3350-9 98020 (e-Book)